中国农政

第一辑

赵树凯 ◎ 主编

中国出版集团
研究出版社

图书在版编目（CIP）数据

中国农政.第一辑/赵树凯主编.——北京：研究出版社，2022.11

ISBN 978-7-5199-1270-3

Ⅰ.①中… Ⅱ.①赵… Ⅲ.①农村经济—经济体制改革—经济史—中国—文集 Ⅳ.① F329.7-53

中国版本图书馆 CIP 数据核字 (2022) 第 124832 号

出 品 人：赵卜慧
出版统筹：张高里　丁　波
责任编辑：安玉霞

中国农政.第一辑

ZHONGGUO NONGZHENG. DIYI JI

赵树凯　主编

研究出版社 出版发行

（100006　北京市东城区灯市口大街 100 号华腾商务楼）
北京隆昌伟业印刷有限公司　新华书店经销
2022 年 11 月第 1 版　2022 年 11 月第 1 次印刷
开本：710 毫米 ×1000 毫米　1/16　印张：12.25
字数：140 千字
ISBN 978-7-5199-1270-3　定价：49.00 元
电话（010）64217619　64217612（发行部）

版权所有・侵权必究
凡购买本社图书，如有印制质量问题，我社负责调换。

山东大学政府决策研究中心丛书

中国农政
第一辑

主　　编：赵树凯
副 主 编：徐超丽
编　　辑：张晓鹏　何鲁燕

主编的话

20世纪80年代农村改革，在中国改革历史进程中具有开创性和基础性。建立以家庭经营制为核心的一系列政策创制，是新中国成立以来乡村社会的最大变局，开启了中国现代化新时代。

农村改革至今已近半个世纪，其政策过程的系统性、深层次呈现，不论对当代中国史研究还是对中国政治研究，都具有重要价值。农村改革史研究需要实现重大突破，不同视角、不同形式、不同范围的史料文献资源开发、搜集整理是农村改革史研究的基础工程。

山东大学政府决策研究中心以推动政府研究为使命，致力于农村改革史和治理史研究。在系统性资料收集、整理和研究的基础上，中心将陆续编辑出版《中国农政》丛书、《中国农村改革史人物》丛书、《中国农村改革史料选编》丛书。

《中国农政》丛书以"三农"的政治（政策）研究为基本领域，聚焦20世纪中国农村政策史研究，以政策制定和执行过程的历史考察为基本内容，重点发表有重要价值的原始史料文献和原创研究成果。

《中国农村改革史人物》丛书主要收录改革进程中产生过重要影响的各类人物资料，不仅有政治人物，也有学术人物、媒体人物，还有普通农民，包括人物著作文集、纪念文集、研究文集等，致力于成为中国农村改革史的人物志经典。

随着资料搜集、整理与研究的持续推进，中心还将编辑出版《中国农村改革史料选编》丛书，集中选编农村改革史研究领域各方面有代表性的重要文献史料。本丛书的定位是，系统呈现农村改革的政治进程，深刻展示农村改革的历史逻辑。在此基础上，研究工作将扩展历史视野，聚焦基层社会治理变迁，编辑出版《当代中国乡村治理史料》丛书。

立足"三农"政治研究的前沿，是本丛书的定位；史料性强、历史感厚重，是本丛书的特色。

赵树凯

2022年1月

目 录 Contents

01

农村改革何时拉开序幕……崔传义 1

02

见证农村改革风雨历程……陈大斌 25

03

我在中央农村工作机关50年……赵明 97

农村改革何时拉开序幕

崔传义[*]

---

[*] 崔传义，1944年生，山东成武人，复旦大学国际政治系毕业。曾任安徽省滁县地委办公室秘书，安徽省政府办公厅秘书、调研室副主任，中央农村政策研究室办公室秘书，国务院发展研究中心农村部研究室主任、研究员，中国农村劳动力资源开发研究会和中国村社发展促进会副秘书长。

20世纪70年代末我国实行的改革,是关系人民和国家命运的转折。随着时间的推移,未经历这段转折的人,想知道改革起于何时,我国是如何转入改革轨道的,初心如何,以了解改革的来龙去脉,从中得到对今天观察、解决社会新问题的启发。人们说,中国改革从农村开始,农村改革从安徽开始。那安徽改革起于何时呢?本文的考察,是从1977年秋以万里为省委第一书记的安徽省委在揭批"四人帮"中深入农村调查研究,从农民吃饱饭的实际要求出发,突破"左"的框框,转向以生产为中心,于11月制定"省委六条",放宽农村政策开始的。那时我在"大包干"故乡安徽滁县地区工作,就此谈些观察和思考。

一 有关农村改革起于何时的一些说法不够确切

农村改革起于何时,有多种说法。

1. 打倒"四人帮"、结束十年"文革"就开始改革说

这种说法看到了打倒"四人帮"、结束动乱是改革的前提,无此就无改革,看到了当时中央已提出抓社会主义现代化经济建设,派员去发达国家考察,引进国外先进技术与管理,要把农业搞上去,采取减轻农民负担的措施等,有了很大的进步,但仍是抓纲治国,

以阶级斗争为纲，在农业上秉承人民公社集体化加机械化，寄希望于"文革"中变了味的"农业学大寨"。粉碎"四人帮"不到三个月，就召开第二次全国农业学大寨会议，继续在农村以阶级斗争、批资本主义开路，搞"大呼隆""大概工"，收自留地，限制家庭副业，割"资本主义尾巴"，由队为基础向大队核算"穷过渡"，这使农民群众对纠正长期"左"倾错误的希望落空，也就谈不上农村改革。改革终究要涉及大多数民众利益关系的调整和改善。

2. 始于1978年12月中共十一届三中全会说

此说有些道理，因为这次全会是中国历史的转折点，它使全国进入改革的新时期（标志是由阶级斗争为纲转变到以经济建设为中心，重新确立了解放思想、实事求是的思想路线，提出改革与生产力发展不相适应的生产关系、上层建筑，提出发展农业要调动农民积极性，维护农民经济上的物质利益、政治上的民主权利，实行包工到组、联产计酬责任制等），但它不是中国改革及农村改革的起点。三中全会的改革方针、有关农村改革的政策，不是一朝从人们脑子里冒出来的，全国向改革转变，有个酝酿、萌芽、发生发展的过程。实际上是少数省份会前开始了改革，在其实践基础上，中央才制定出改革的方针。

从粉碎"四人帮"到十一届三中全会，围绕党和国家走向、农业发展路子，一方面是"左"的惯性势力，"两个凡是"仍占上风，出现两年徘徊局面；另一方面是对"左"的错误的斗争和实践的突破。批判"四人帮"、纠正干部冤假错案，1978年5月开展实践是检验真理唯一标准的大讨论，推动思想解放，冲破"两个凡是"框框，都支持了实事求是纠正"左"的错误。实践摸索也是多样的：1978年秋在个别城市开始抓国有企业扩大自主权的试验；邓小平同志抓高考一类教育和科技的改革。但与人口占大多数的农民相关联，关系根基、越来越影响全局的，是安徽等地领导深入群众，转变对农民的认识，大胆纠"左"，放宽政策；农民借政策放宽，就自下而上地解决生产队吃大锅饭的问题，搞包产到组、到户的改革。以至历史突出地将农业发展、农村改革提上十一届三中全会会议议程。所以说农村改革不是始于十一届三中全会，而是此前就已经开始，并深深影响了三中全会。

3. 从安徽肥西包产到户、小岗"大包干到户"开始的，或从中央五个一号文件开始

应该说这是知其高潮或结果，未知起源。农村改革确实是从万里主政的安徽开始的，中央说小岗村是农村改革的主要发源地，是基于以下两点：一是农村改革的核心问题——实行"大包干到户"的家庭承包制，是小岗村首创的；二是它传遍全国，99%的生产队选择了这种形式的经营体制。但它不是农村改革的开始，而是经历几个阶段达到的较彻底解决问题的高潮。

谈安徽农村改革怎么搞起来的，应当把纠正"左"倾错误作为主线来考虑，大体有三个回合：第一个回合是突破学大寨的框框，坚持以生产为中心；第二个回合是突破三级所有，队为基础，实行联产计酬，包产到组；第三个回合是突破"不许包产到户"，实行家庭联产承包责任制，给农民充分的自主权。[1] 同样，1982年开始的中央五个一号文件，也不是农村改革的起点，是经过几个阶段放宽政策、农民探索创造，同"左"倾错误斗争，一些地方包产到户、包干到户在

---

[1] 万里：《安徽农村改革是怎么搞起来的》，载中共安徽省委党史研究室《安徽农村改革口述史》，中共党史出版社2006年版。

实践中显示效果后，才产生的。第一个一号文件来自三四年领导与群众互动的农村改革实践，首次肯定农民创造的包产到户、包干到户是社会主义的责任制，将其变为政策，反过来推动、引导农村改革。

4.事实是，农村改革起于安徽领导在揭批"四人帮"中通过下面反映和下乡调研，体察农民吃不饱饭的困境，发现政策出错，撇开"左"的农业学大寨，转向以生产为中心，调整政策

标志是1977年11月安徽省委制定"省委六条"，放宽政策，为农民自下而上地改革创造了环境，拉开了序幕。

二、深入群众，从农民吃不饱饭认定农村政策出错

安徽领导干部深入群众调查研究，深切了解农民生活贫穷超出想象与农村经济政策的问题，为农民吃饱饭的起码需要，放宽政策，拉开改革序幕。

当时安徽农村人口占全省的85%，是"左"的重灾区。打倒"四人帮"后，省委原主要负责人对揭批"四人帮"捂了八个月盖子。为改变这种局面，1977年6月22日中央解决安徽省委领导班子问题，派万里同志主政安徽，任省委第一书记。

在揭批"四人帮"、整顿班子、消除派性、稳定局势、考虑把安徽经济搞上去的时候，滁县地委8月16日报送了《关于落实党的农村经济政策的调查情况和今后意见》的报告。

滁县地区地处皖东，时辖定远、凤阳、嘉山、滁县、全椒、来安、天长七县，农业人口占90%以上。1977年春他们把对"四人帮"的政治揭批深入农业农村经济中，组织390多名干部，深入社队，用两个多月时间调查"四人帮"干扰破坏农村经济政策的问题，写出135篇调查报告。5月底6月初在定远县召开调查汇报会，形成上述报告初稿。报告提出，"四人帮"破坏党的农村经济政策，散布："只要路线对头，不怕政策过头"；三级所有，队为基础"过时了"；按劳分配是"强化资产阶级法权"；集体开展多种经营是金钱挂帅；社员经营少量自留地和家庭副业，搞集市贸易，是"给资本主义供氧输血"。高指标、高征购破坏国家、集体、个人三者关系。社员多劳不多得，没有积极性，又不准搞家庭副业，把农民的路子堵死了。报告说，"四人帮"搞乱了人们的思想，这实际涉及要不要坚持各尽所能按劳分配的原则，要不要兼顾国家、集体、个人三者利益，要不要允许社员经营正当的家庭副业。如果不把被他们搞乱了的农村经济政策纠正过来，就不能调动农民的积极性。

报告抓住极左政策影响农民积极性和农业发展的矛盾，提出了解决问题的意见。地委主持这项工作的王郁昭在定远向省委原负责人做了汇报，得到的回应是"落实政策不能影响大干"。8月中旬，万里看到这份报告，当即批转全省各地市委，批示："滁县地委组织力量深入群众，对农村经济政策认真进行调查研究，这是个好的开端。这个问题很值得引起各地重视。报告中所提的意见，可供各地参考。"省委要滁县地委将报告和选出的十几份调查报告汇编在一起，印发给省委三届十四次扩大会议与会干部。

8月22日，省委管农业的王光宇副书记推荐农委周曰礼给万里等省委领导汇报农村情况：全省28万个生产队，只有10%左右解决了温饱，67%的人均年收入低于60元，25%左右的人均年收入低于40元。当时实现温饱需人均年收入100元左右，90%左右的队没有解决温饱。很多队生产靠贷款、吃粮靠回销、生活靠救济。30%的队把资产变卖光也不够还债，名义上有集体经济的招牌，实际一无所有，连简单的再生产都不能维持。25%的队在饥饿线上挣扎。周曰礼还说，强迫命令、瞎指挥相当普遍，干活大呼隆，记分一样工，吃大锅饭、平均主义，挫伤农民的积极性，农民的消极怠工比罢工危害还大。万里听了很震惊，说"看来经济上的拨乱反正比政治上的拨乱反正更艰巨，不搞好经济上的拨乱反正，政治上的拨乱反正也搞不好"。安徽农村的问题比城市还严重，他要用80%的时间和精力研究解决农村问题。[1]

万里要农委继续调查，"搞个针对性的政策意见"，自己则开始了三个月的下乡调查。

万里在调查中不做指示，只是看、问、听，不只看农业生产，还看农民生活，轻车简从，入村入户，看安徽农村的真实情况。在大别山老革命根据地金寨县燕子河山区，他走进农户茅屋，看农民不仅吃不饱，穿着破烂，有的老人、小孩乃至姑娘都没有裤子穿。他泪流满面地说："老区人民为革命做出多大的牺牲和贡献啊！没有他们，哪来我们的国家，哪有我们的今天？可我们解放后搞了这么多年，老百姓竟食不果腹、衣不蔽体，有的十六七岁的姑娘没有裤子穿，我们有何颜面见江东父老，问心有愧呀！"在皖南泾县，农民告诉他现在的生活还不如新四军在皖南时期。在淮北、皖东，他看到一些农户门窗都是泥土坯的，连桌子、凳子也是泥土坯的，找

---

[1] 周曰礼：《家庭承包制是解放思想的产物》，载杜润生主编《中国农村改革决策纪事》，中央文献出版社1999年版。

不到一件木质家具。在肥东、定远县交界处，他走进三个村的一些农户家里，看到锅里煮的是红薯、胡萝卜缨子，家徒四壁。有些农户的整个家当一根棍子就可挑走，不值30元钱。在定远炉桥，他问一位农民有什么要求，农民拍拍肚皮，说吃饱肚子；问还有什么要求，农民说少装些山芋干。这里的农民连这最起码的要求都没有实现。

万里知道凤阳农民外出讨饭，被江苏、上海一些地方收留，发电报叫安徽有关部门去领人。省委常委专门开会讨论解决外流讨饭的问题。有位领导说凤阳农民有讨饭的习惯。万里气愤地说："没听说过，讨饭还有什么习惯？讲这种话的人，立场站到哪里去了？是什么感情？我就不相信，有粮食吃，有饺子吃，他还会去讨饭？我们的农民是勤奋的，是能吃苦的，是有脸面的，只要能够吃得饱，他们是不会去讨饭的。问题是那里条件并不坏，他们为什么吃不饱饭？我们的各级领导一定要把它作为头等大事来抓。"他在贫困县县委书记会上说："只要能把生产搞上去，解决讨饭问题，你要什么政策我都给。如果还讨饭，那我就让他们到你县委书记家去讨。"

万里把老百姓吃饭、生产的问题摆在头等位置，说新中国成立快30年了，农民还要饭，那叫什么社会主义！社会主义优越性哪里去了？生产条件并不差，为什么吃不饱饭？农业生产靠农民，是什么在打击农民的积极性？人民公社的问题在哪里？实际上他是在以实践带给农民生活的好坏、得失，来审视、衡量我们的政策、制度、主义哪里出了问题，错的就要纠正。

在深入群众的持续调研中，事实、实践、农民教育了领导，由农民吃不饱饭知道农村政策出了问题；领导与农民走在一起，把多年被批判、限制和边缘化的农民，重新奉为共和国的缔造者、父老乡亲、农村主体，实现与农民群众的结合，一道解决农民要解决的问题。

三 冲破学大寨框框，转变思路与政策

省委在走村入户、直面基层群众干部的调研中形成与农民的结合，从解决农民最迫切的吃饭问题出发，着手解决农村政策问题。

1. 撇开学大寨，起草新政策

万里通过调查，向管农业的老书记王光宇和农委同志了解，深知农村经济政策极左，大锅饭、大呼隆、"大概工"、瞎指挥特别严重，割自留地、家庭副业、集市贸易尾巴，把农民积极性差不多搞光了。高指标、高征购，征购后农民细粮很少，只能吃杂粮、红薯，还吃不饱。万里说，省委前负责人鼓吹学大寨那一套，是继续瞎折腾，打击农民积极性。解决安徽农村的问题，必须另找出路。

按照万里的吩咐，王光宇组织小班子，由周曰礼牵头，调研农村哪些方面在阻碍农民的积极性和生产发展，征求群众和基层干部意见，重新制定办法。经大量调查，9月下旬王光宇在滁县地区主持召开全省各地市县农村政策研究人员座谈会，讨论起草出六条政策初稿，送省委领导审阅。万里说写得好，还要听听农民的意见。随后在肥东和长丰县两个大队，召开大队、生产队干部和农民三个层次的座谈会，省委一、二、三把手万里、顾卓新、赵守一分别参加。万里和王光宇与农民座谈，农民听了文件初稿，对让种自留地、搞家庭副业特别高兴。万里提出的修改意见是尊重生产队自主权，在

初稿里就是一句话，要把它突出出来，作为一个重要内容。[1]这样，"省委六条"的核心内容就成了按劳分配、搞责任制，尊重生产队自主权，再就是自留地、家庭副业、开放集市贸易。

2.政策思路的转变

1977年11月15—22日省委召开农村工作会议，各地、县委一把手参加，专门讨论修改"省委六条"。万里在会议开头的简短讲话有几层意思，表明思路的转变：

——集中研究当前农村迫切需要解决的经济政策问题，发动群众，把农业搞上去。农业上不去，吃饭穿衣都成问题，更不要说"四化"了。

——农村中心问题是把农业生产搞好。凡是阻碍生产发展的做法和政策都是错误的。必须在发展生产的基础上使人民生活不断改善。

——发展农业靠什么？最重要的生产力是人，是群众的积极性。没有人的积极性，机械化再好也难以发挥作用，何况现在农业发展主要是靠两只手。

——调动人的积极性要靠政策。政策怎么搞好，要实事求是，

---

[1] 万里与农民座谈后说："听了大家的发言，感到如何尊重生产队的自主权是当前农村存在的大问题，不解决这个问题，还会出现瞎指挥，农业还是上不去。你们的草稿上只写了一句，远远不够分量，是否加上生产自主权、劳动力自主权、分配自主权。""生产队既然作为一级核算单位，应当有自主权，做什么、怎么做，应当由他们自己研究解决。过去老是上面指手画脚，实际上是剥夺了生产队的权力，还谈什么积极性。老百姓最懂农业，最懂土地的好孬，最适宜种什么、长什么，能否丰收，他们比我们心里有底，还是让他们当家。"（辛生：《安徽农村改革初期的一些情况》，载中共安徽省委党史研究室《安徽农村改革口述史》，中共党史出版社2006年版，第233页）。

走群众路线。我们有一个中心，以生产为中心；一个政策，是六条规定。

——中国革命在农村起家，农民支持我们，母亲送儿当兵，革命才能取得胜利。农民革命一是为政治翻身，推翻三座大山，二是为了生活，有饭吃。但是进了城，一些人却把群众这个母亲忘掉了，忘了本了。要急农民之所急，想农民之所想。[1]

他的这些大白话，抛开认为"一大二公""穷过渡"的空想，回到群众实际生产的常识中。在他那里，农民不是什么资本主义自发势力、限制改造对象，而是缔造共和国的功臣、衣食父母、农村农业发展的主体；最重要的生产力是人，是人的积极性，要搞合适的政策调动农民的积极性，发展生产，首先要解决农民吃饱饭的问题。凡是影响农民积极性、生产发展、生活改善的政策都是错误的，都要纠正、改变。这就是他的概念、逻辑、路子。那时没说改革，实际上这就是改革。

3. 政策的突破

在上述思想的主导下，经反复商讨[2]修改，安徽省委在11月28日颁发《关于当前农村经济政策几个问题的规定（试行草案）》，简称"省委六条"。

"省委六条"的基本内容是：搞好人民公社经营管理，强调按劳

---

[1] 《万里文选》，人民出版社1995年版，第101—102页。
[2] 对"省委六条"规定，会议讨论中有赞成的，也有反对的，由于不少人顾虑重重，怀疑抵制，特别是受全国学大寨会议影响，一些原来写进去的更宽的规定，不得不暂时搁置下来。万里说："有些同志思想不通，不要勉强，要耐心等待，因为具体工作还要靠下边同志去做，有些更宽的条文硬写进去，他们接受不了，反而会把事情弄糟。"（周曰礼：《家庭承包制是解放思想的产物》，载杜润生主编《中国农村改革决策纪事》，中央文献出版社1999年版，第237页）。

分配，搞好劳动计酬，允许生产队根据农活特点建立不同的责任制，可以组织作业组，也可以责任到人；尊重生产队的自主权；减轻生产队和社员负担；分配要兑现；粮食分配要兼顾国家、集体、个人三者利益；允许和鼓励社员经营自留地、家庭副业，开放集市贸易；对收回的自留地，要按照政策如数退还给社员。

"省委六条"不是零敲碎打，是从生产、分配、三者关系等整体上解决基本政策问题；既以毛主席1962年主持制定的60条为依据，反对"四人帮""左"的错误，保持政策的连续性，又带有根本性的转变和突破。这些内容看起来没有什么了不起，但当时是在"原则问题"上越过了禁区，是拨乱反正，是根本性的转变和突破。

第一，它跳出农业学大寨和以阶级斗争为纲的框框，转向以生产为中心，是思想政治上的拨乱反正。过去天天搞阶级斗争，现在是搞生产，解决农民生活问题；过去是批农民，限制农民，现在是以农民为主体，放宽政策鼓励农民发展。这是一个新思想，是改革，为经济改革创造了一个思想、政治的环境和条件。当时不少人担心这样会被批判为"唯生产力论"，直到一年后的十一届三中全会从以阶级斗争为纲转到以经济建设为中心，才放心。

第二，经济政策上它纠正"左"的错误，冲破禁区。"省委六条"核心是强调按劳分配、尊重生产队自主权，允许生产队实行到组的责任制，只需个别人完成的农活可以责任到人，允许搞自留地、家庭副业，产品可以拿到集市上出售。这些被批判为物质刺激、福利主义、自由种植，学大寨中当"资本主义尾巴"割的禁区，如今放开了。它的核心之一是给基层和农民以自主权，"将管理意识拉向民主"[1]。"省委六条"抓住调动农民积极性这个根本，突出按劳分配、尊重生产队自主权，同一年后十一届三中全会强调首要出发点是发挥农民的积极性，经济上关心他们的物质利益、政治上保障他们的民主权利的精神、原则是相通的、先行的。

第三，它使农民先得到退还的小块自留地、放手经营家庭副业、开展集市贸易的权利。这对农民来说也是大事。有人说1960年一人有一分多自留地，也不会饿死那么多人。同时使整个政策转到实现农民按劳分配利益与自主权力的方向上来。

四 放宽政策、行动批"左"，农村开始活起来

安徽"省委六条"理清党、政府与农民的关系，对"四人帮"在农村政策上的流毒及"左"的学大寨进行拨乱反正，放宽政策，调动农民的积极性，在省内外产生重大影响。

"省委六条"首先受到本省农民和基层干部欢迎，他们积极落实政策，并趁政策放宽，自己开始从下面想法解决问题

滁县地区落实"省委六条"，一是抓年终分配兑现。农民说我们一年就一次分配，从春忙到年，分配见不到钱，哪有心思种田。1977年12月20日《人民日报》发表了《旗帜鲜明地落实党的按

---

[1] 中共安徽省委党史研究室：《往事回顾——王光宇口述》，安徽人民出版社2010年版，第208页。

劳分配政策——安徽滁县地区地、县两级党委把年终分配当作一件大事来抓》的报道。二是恢复自留地、家庭副业、集市贸易。凤阳县委书记陈庭元说,凤阳学大寨堵资本主义,堵的就是自留地、家庭副业、集市贸易。自留地44个公社收了43个,大溪河公社长塘大队每年社员房前屋后的梨树收成应有十七八万斤,全都收走后年产仅两万斤、一万多斤。落实"省委六条"后,今年梨树退给人家了,自留地退还了,种粮种菜,养鸡养猪,市场出现多年以来没有的兴旺。三是落实生产责任制,开始主要是推广"一组四定"(分组作业,定任务、定质量、定时间、定工分)的责任制,包工不联产。这个地区还创造出"三基本"(一个劳动力的基本工日、基本肥料和基本口粮)和生产队社员收入"一年早知道"的经验。万里高兴地说,《安徽日报》赶上来了,登了"一年早知道"。阜南县委书记陆庭植说,过"左"的政策害死人,安徽干部最怕反右倾,农民最怕反瞒产,一反瞒产就要饿肚子、饿死人。阜南新中国成立初到1956年农业发展迅速,公社化20年人均粮食产量从700斤减少到400斤,人均口粮下降297斤,人均分配从60元减少到31元。社员自留地、家庭副业过去叫正当,后来当资本主义尾巴割,出现挖生姜、拔蒜苗、砍鸡头,那就是革命行动。阜南生姜年产四五千万斤,每斤六毛八分钱,1976年濒临绝种,现在又发展起来了。蚕茧最高时能收购到30万斤,到1977年收不到两万斤。割掉这些,严重影响农民收入和生活。"左"的东西把农民看作时刻产生资本主义的小生产者加以改造,"省委六条"尊重农民自主权,让其多劳多得。

"省委六条"在下面持续发酵。到1978年3月,少数穷队群众见政策放宽,能搞到组责任制、到人责任制,就在下面自发搞起从包工到包产的责任制。凤阳马湖公社根据"省委六条"放宽政策，在前倪队从烟叶联产计酬，变为大田生产的包产到组；梨园公社小贾生产队，从公社听说可以分组干，就暗自商量分为四个组，搞了包干到组。如此包产到组、小宗作物到户、口粮田、水统旱分、包干到组等多种联产责任制就自发、零散地出现了，开始了群众自下而上的改革。这是"省委六条"的影响，是在全国开展实践是检验真理标准大讨论之前就出现的。

因"六条"在全国冲击"左"倾错误思潮而受到攻击，安徽省委坚持"六条"，以实际行动批"学大寨"

受"左"的流毒很深的人，包括主管全国农业的那位副总理，抓着只有开展阶级斗争、两条道路斗争，对农民批资产阶级法权、割资本主义尾巴、"大批促大干"才能发展农业的路子不放，说"省委六条"反大寨，把批判矛头指向积极落实政策、坚决纠"左"的安徽。他们质问，现在农村的主要矛盾是什么，是两条道路的矛盾，还是落实不落实经济政策的矛盾？有些人不抓阶级斗争、两条道路斗争，反提出落实政策，要干什么？他们将保证分配兑现，说成是毛主席20世纪50年代就批评过的"言不及义，好行小惠"；称尊重生产队自主权是倒退，不搞"一大二公"社会主义，热衷搞"一小二私"资本主义。发展农业，能靠老太太养鸡、小商贩倒腾买卖？落实政策调动的是个人发家致富的资本主义积极性。他们给落实政策加了十几个罪名，在地方报纸、人民日报发文章，不点名批安徽。报纸刚发两篇落实农村政策的稿子，农业部一位负责人就要求"适可而止"。

万里顶着反大寨的压力,用新的政策调动农民的积极性。1977年冬,安徽全省停止参观大寨,解散学大寨办公室。1978年初,中央召开全国普及大寨县现场会,万里让省委三把手代表他去,说大寨这一套,安徽农民不拥护,我们不能只看领导眼色行事,必须对本省人民负责,在我们权力范围内做我们自己应该做、能够做的事情。实行"省委六条"是在以行动批大寨。万里说:"大队核算、'穷过渡'、'大概分',这些东西我们没法学,学不了,难道还要强迫学?你可以不要自留地,不让社员养猪,不要集市贸易,我们这里可不行。""对于我们安徽的做法,是有不同看法的,有人说我们右倾,搞资本主义,也有人赞成,但不敢公开表态。我们干我们的,人家爱说什么说什么,让群众去做结论吧!""从实际出发,实事求是,这是我们的行为准则。今后不管谁管农业,符合我们实际情况的就执行,不符合的就不听。只要各自能顶得住,他们错误的东西就贯彻不下去。"

万里还在"省委六条"落实中深化对农村问题与政策的思考。1978年春,他到多地调查,强调以生产为中心,尊重生产队自主权。1979年1月新华社记者张广友、刘庆棠到定远调查,该县上年粮食增产在全省突出,原因是上年夏收时新任县领导为抢种庄稼,不违农时,允许生产队因地制宜,能种水稻种水稻,不能种水稻就种旱粮,就是尊重生产队自主权。他们写了《生产队有了自主权农业必增产》的稿子给万里看,万里没有马上表态,说去看看。他先在定远农村和集市看了,再到县委请其核实情况,然后他说:"尊重生产队的自主权,实质上是尊重实际、尊重群众、发扬民主、反对官僚主义瞎指挥的问题。""谁最了解实际情况呢?当然是天天同土地、庄稼打交道的生产队干部和社员群众。他们最有发言权……不尊重生产队的自主权，这是我们过去农村工作中许多错误的根源。""说到底，这是一个对待群众的态度问题，是把群众当作真正的英雄还是阿斗的一个原则性问题。"[1]他把尊重生产队自主权深化为尊重农民的自主权，农民是主体，要讲民主，走群众路线。6月，省委常委会讨论夏粮分配起购点，没有议出结果，万里就到五个县几个打麦场向农民做调查。后来他说，过去分配只强调国家、集体，先完成国家征购任务，完成了还要交超购，而且超额越多越好，就是不顾农民死活。不让种粮食的人吃饱饭，谁也休想吃饱饭。还说，对农民种地，我们比国民党还厉害，国民党只管要粮要钱，不管别的，我们可好，什么都管，种什么要管，怎么种要管，收了庄稼怎么分配也要管，一个人吃多少斤小麦也要拿到省委常委会讨论，农民还有什么权利？我们管这么多，能管好吗？我们有些人搞瞎指挥，什么他都管，就是不管农民的死活，以致三年困难时期饿死那么多人。[2]王郁昭也说，农民只有一个权利——干活。这就提出了要还权于民，让农民在生产、分配上有权利的农村体制改革问题。

在全国树起实事求是、走群众路线、放宽政策调动农民积极性的榜样

在安徽纠"左"、放宽农村经济政策之时，新闻界发扬尊重事实、深入群众、坚持真理、修改错误的传统，拉开与大寨的距离，

---

[1] 《万里文选》，第104页。
[2] 张广友：《改革风云中的万里》，人民出版社1995年版，第147—148页。

由鼓吹学大寨转到支持落实农村经济政策。从1977年底到1978年3月，新华社、《人民日报》、《红旗》杂志对安徽落实农村经济政策连续发文章予以肯定。其中《人民日报》就发表4篇有关滁县地区的报道，配发两个评论、两个编者按。1977年12月曾任刘少奇秘书的《人民日报》记者姚力文到安徽调查后，给万里介绍下面的情况说，过去批资本主义倾向，批的是农民。为什么抓农村经济政策是当务之急？滁县地区分管农业的领导向他说了土改、合作化以来的历史，什么时候政策符合实际和群众意愿，落实了，生产就发展，反之就出现曲折，百姓受苦。万里说，安徽出现过两次大反复，形而上学瞎指挥。要想把生产搞上去，必须调动人的积极性。要调动农民积极性，就要政策对头。如何使上层建筑适应生产力是个大问题。政策是路线的体现，主席称它是生命。2月3日《人民日报》发表姚力文和田文喜合写的《一份省委文件的诞生》，编者按说："安徽省委这样深入实际，注重调查研究，走群众路线，认真贯彻落实党的政策，是恢复和发扬党的优良传统和作风的一个好榜样。"

"省委六条"传入四川

邓小平看重安徽"省委六条"，1978年2月初他出访途经成都，对四川省委主要负责人说："安徽的万里搞了个农村政策的六条规定，你们可以参考一下，也可以搞多少条嘛！我们现在需要有些新概念，不能老是原来的老框框。……农村的路子要宽一些，思想要解放，还是原来的老概念不解决问题。要有新概念，只要所有制不动，怕什么！要多想门路，不能只是在老概念中打圈子！"[1]并将安徽"省委六条"交给他。随后四川省委先在郫县试点，很快制定出自己的农村"12条"，重点也是放宽政策，落实按劳分配，允许社员经营自留地和家庭副业等。从此，安徽、四川两省最早从放宽政策点燃了农村改革的火把。

五 历史评说与改革起因

对农村改革起于1977年秋冬安徽、四川放宽农村政策，发挥农民积极性，早有人论及，[2]只是未引起注意。如今经历40多年波澜壮阔、跌宕起伏的改革历程，站在承前启后的新起点上，更感那时农村改革拉开序幕，也是中国改革之始，就像新时期的日出一般壮丽，蕴含朝气、生机与耐人揣摩的哲理。

1982年10月29日，胡耀邦接见安徽党政军领导干部时就说，粉碎"四人帮"后全国有两年徘徊，安徽没有两年徘徊。"应该说从万里同志他们来了以后，很迅速地扭转了局面，政治局面也好，经济局面也好，都迅速地扭转了。特别是扭转了农村的经济局面。以生产为中心，既稳定了局势，又解决了问题。"1987年邓小平说："我国的改革和开放是从经济方面开始的，首先又是从农村开始的。……当然，开始的时候，并不是所有的人都赞成。有两个省带头，一个是四川省，那是我的家乡，另一个是安徽省，那时候是万

---

[1] 王立新：《要吃米找万里——安徽农村改革实录》，北京图书馆出版社1998年版，第69页；辛生：《安徽农村改革初期的一些情况》，载中共安徽省委党史研究室《安徽农村改革口述史》，中共党史出版社2006年版。

[2] 张广友：《改革风云中的万里》，人民出版社1995年版；张广友、丁龙嘉：《万里》，中共党史出版社2000年版；陈大斌：《饥饿引发的变革》，中共党史出版社1998年版。

里同志主持。我们就是根据这两个省积累的经验,制定了改革的方针政策。"[1]1992年他又说,中国改革是从农村开始的,农村改革是从安徽开始的,万里是立了功的。

现在看来,农村改革先在安徽拉开序幕并非偶然。广言之,安徽和全国一样,人民公社生产分配大锅饭的体制、"左"的错误政策,危害农民权利、生产生活的矛盾由来已久。劳动"大呼隆",干好干坏一个样,造成平均主义,打击农民的劳动积极性;政社合一瞎指挥,剥夺农民自主权;"一大二公""穷过渡",用片面集中统一捆住农民手脚,农民稍有点自主经营、自谋生路就被当作资本主义进行阶级斗争。这些违背经济规律、剥夺农民权利的东西,影响人的积极性和生产发展,年深日久,使多数农民陷于贫困,吃不上饭,难以为继。

具体分析,安徽农村改革先行一个很重要的原因,是万里等领导者实事求是,体察民情,勇于站在农民吃饭穿衣的立场上,发现、解决学大寨政策和公社体制的问题,特别是在如何看待农民的问题上,摆脱长期错误观念,也修正了被奉为经典的农民两重性说法,代之以更经得起检验、以民为本的理性认识。对农民,新民主主义革命时期称同盟军、主力军;到社会主义改造时期,说"农民既是劳动者,又是小私有者,具有两重性",作为劳动者倾向于社会主义,作为私有者,倾向于资本主义,是对农民肯定、否定各半,并被奉为经典;而集体化公社化后,一种对农民更偏于否定、歧视的看法占上风,"文革"中恶性发展,说农民是小生产者,是每日每时产生资本主义的自发势力,包产到户三起三落是资本主义,按劳分配

---

[1] 邓小平:《改革的步子要加快》,《邓小平文选》第3卷,人民出版社,第237—238页。

是资产阶级法权,家庭副业也是资本主义,农民处于半饥饿状态了,讨饭了,还对他们割资本主义尾巴。而万里等同志在革命战争年代有依靠农民、与农民生死与共的经历,打倒"四人帮"后,目睹农村状况,感到愧对百姓,找寻原因,总结教训,对农民有了新认识。他既反对把农民视为资本主义自发势力,批判、限制、割尾巴,也与视农民好坏各半的两重性不同。万里对占人口大多数的农民,从劳动创造财富、社会得以存在发展的常识,生产力决定生产关系、上层建筑的基本规律出发,第一次提出:最重要的生产力是人,是人的积极性、农民群众的积极性,发展农业没有农民的积极性,机械再好也不行;进而提出,发挥人的积极性靠政策,凡是阻碍生产发展、打击农民积极性的政策都是错误的,都要纠正过来,调整到符合农民利益需要、能调动积极性的政策。在这里,第一,从生产劳动、生产力发展的决定性,肯定最重要的生产力是人,肯定了农民的地位和重要性,农民是生产力的人格代表,农业农村发展的主体;第二,发挥农民的积极性,就要解决政策、制度中影响农民积极性、违背农民利益的问题,也就是要尊重农民的利益、意愿,解决生产关系不适应生产力发展的问题。这就肯定了农民的利益、意愿、选择是推动社会变革的动力和主体的观点。总之,是肯定了农民群众推动社会主义经济发展、社会进步的基本属性。万里还从农民是衣食父母、国民多数、农民没有饭吃就没有社会主义优越性等角度,要求尊农、爱农、为农,相信、依靠农民,走群众路线。当然他也看到了农民的弱点。

在如何看待农民认识上的拨乱反正、转变提升,是政策转变、农村改革率先兴起的重要支撑。在党领导人民的历史上,革命战争初期出现过三次"左"倾,"左"倾、右倾都是忽略我国占绝大多数的农民的重要性，到毛主席领导开辟依靠农民、建立农村根据地，农村包围城市的道路，才取得了一个个胜利；与之类似，在农村社会主义改造建设中，也反复出现"左"的错误，到农村改革、十一届三中全会重视农业农村农民、发挥农民积极性、尊重农民经济上的物质利益、政治上的民主权利，又开辟了改革发展的新局面。安徽农村"省委六条"在如何对待农民问题上的转变是一个开始，这转变实际贯穿其后整个改革进程。

见证农村改革风雨历程
——新华社农村改革时期新闻报道简略回顾

陈大斌[*]

---

[*] 陈大斌，1938年生，安徽萧县人，山东大学中文系毕业，1969年任新华社国内部记者，1977—1982年任新华社国内部副主任兼农村组组长，主持了中共十一届三中全会前后新华社的农村报道组织工作，参与了农村改革全过程的报道。1982—1998年任新华社《瞭望》周刊总编辑。主要著作有《从合作化到公社化——中国农村"左"倾错误的发生发展》《大寨神话——农业学大寨运动的兴起和衰落》《饥饿引发的变革》《中国农村改革纪事》等。

一 农村改革发生的背景

我在新华社农村新闻报道岗位上从事记者、编辑工作多年。新闻工作紧张、辛苦，但也有一个好处：有机会通过新闻采访，经历、见证一些具有历史意义的重大事件。今天的新闻就是明天的历史。对于我来说，最让我难忘、到老了还会为之动情的经历，是参加了中国农村改革第一阶段，即农业经营体制改革全过程的新闻报道。

粉碎"四人帮"之后，由于各种因素的促使，让我这个从来没担任过任何领导职务的普通记者，走上了负责新华社国内农村报道组织工作的岗位（从 1977 年 5 月开始主持农村组工作；1978 年 4 月任国内部副主任兼农村组组长），直到 1982 年 5 月奉调参加《瞭望》周刊的创办筹备工作。这几年正是中国农村改革开始酝酿、准备，继而全面展开，经过尖锐、复杂的斗争，最终取得胜利的重要历史时期。这一阶段改革最突出的成果是在全国农村普遍建立以"包产（包干）到户"为主要形态的家庭承包责任制，取代人民公社集体化体制。这是中国农业体制天翻地覆的巨大变革。在这几年间，我与新华社全社的农村记者一起上山下乡，奔走在改革第一线，参与了中国农村改革整个过程的报道，结识了众多改革中的风云人物，在一处处改革的热点留下了足迹。同时，也使我有机会参加了改革过程中若干次党中央、国务院及有关部门召开的各种重要会议，亲历了改革过程中那一个个后来都载入史册的重要事件，了解到许多重大改革措施的形成过程。通过这些采访工作，我投身于改革大潮的中流，经历了改革的风雨，目睹了改革过程的风云变幻。

这是我终生难忘的一段经历。我有责任把它记录下来，这不仅是新华社，更是中国新闻史上的重要一页，当然也是从一个特殊的视角来回顾中国农村改革的历史。

下面就开始我的回顾。

首先要说的一个问题是：农村改革是什么时候开始的？

答案似乎是现成的：中共十一届三中全会开启了中国改革开放的历史新时期，中国的改革是从农村开始的，自然，农村改革的起点应当是十一届三中全会。但是，这样说从历史研究工作的角度来看显得有些简单化。任何一件重大历史事件的发生，都不可能是一朝一夕间突然冒出来的，都会有一个酝酿、准备、发生和发展的过程。中国农村改革这样伟大的历史事件，当然也有一个酝酿准备期。

农村改革的起始时间有多种说法。有人认为农村改革在粉碎"四人帮"之后就开始了，这种说法是想当然，没有任何实际根据。从客观形势看，粉碎"四人帮"之时，多年来饱受"左"的错误摧残的中国农业已到了崩溃的边缘。有人说这时的中国农业外遭重创，内染沉疴，成了一个重病的巨人。人民公社体制的弊端已经充分暴露出来，它严重压抑、窒息了农民的生产积极性，成了丧失发展活力的僵死体制。它的基层组织生产队，绝大多数难以维持简单再生产，不少成了"三靠队"（生产靠贷款、吃粮靠返销、生活靠救济），众多的农民辛劳经年难得温饱。农民中改变"左"的做法、变革现状的要求强烈，呼声高涨。进行改革确实已成必然趋势，也正是农村农业走出困境的唯一出路。但是，当时中央领导有"两个凡是"的主张，仍然继续实行毛泽东主席倡导的以阶级斗争为纲、"继续革命"的路线。这就决定了改革尚不可能立即发生。

党中央和华国锋主席是关心农村农民、重视农业的。不过，当时他们仍然认为只有实行集体化才是社会主义农业，寄希望于"农业学大寨"运动。粉碎"四人帮"三个月后，中央就召开了第二次全国农业学大寨会议，华国锋主席在会上做主题报告，明确宣示其继续坚持"无产阶级专政条件下的继续革命理论"，肯定"文化大革命"。广大农村干部和农民期望在粉碎"四人帮"之后，通过深入地揭发批判"四人帮"在"文化大革命"中种种倒行逆施，纠正诸如大搞阶级斗争、两条道路斗争，改变"大呼隆劳动"、"大锅饭"的平均主义分配、收自留地、限制家庭副业、割资本主义尾巴、"穷过渡"等"左"的做法，真正来一个拨乱反正。但是，中央主要领导人却认为"四人帮"是一伙"极右派"，"他们那条反革命修正主义路线是一条极右路线"，"他们的路线，右得不能再右了！"，因而揭批"四人帮"，就要"揭发、批判'四人帮'反革命修正主义路线的极右实质及其在各方面的表现"。这样一来，广大人民纠正"左"倾错误的愿望完全落空了！

在这种形势下，农村改革，尤其是人民公社经营体制的变革根本无从提起。

但是，人心所向决定了形势的发展。各地农村各种纠正"左"的错误，恢复正常生产、生活秩序的努力，以不同的方式纷纷出现。若干变革行动已开始在一些地方酝酿、萌动。所以，从粉碎"四人帮"开始到十一届三中全会召开的这段时期，可以说是农村改革的酝酿准备期。

那么，具体地说，农村改革的起始期应当从什么时间算起呢？笔者认为，应当从1977年秋冬之时算起。这是因为，1977年秋冬之时发生了几件对农村形势产生巨大影响的事件，实际上促进了变革的发生。

第一件大事是当时党中央、国务院一些领导人极力推动"农业学大寨"运动。继1976年12月全国第二次农业学大寨会议之后，1977年10月30日—11月18日，国务院又召开"普及大寨县工作座谈会"。这次会议把"农业学大寨"运动的浪潮推向顶峰，会议根本不谈农村"左"的错误及危害，反而继续推行"左"的一套，连那些在"文革"中都不能列入全国性会议的正式议题，不能普遍推广的所谓大寨一整套"具体经验"，包括"穷过渡""大概工""割尾巴"等都拿到会议上来，要在全国普遍实行。这次会议的结果是事与愿违，让人们进一步看清了"农业学大寨"运动已成为农村继续推行"左"倾错误路线的工具，成了农村农业拨乱反正、走出困境的最大阻力。这就促使人们抛弃对"农业学大寨"运动的种种幻想，思想上来了一次大解放。抛开了学大寨的老路，从实际出发，去寻找中国农村农业的出路。

第二件大事便是安徽、四川等省从落实党在农村的各项经济政策开始，冲破"两个凡是"的桎梏，与多年来危害农村的"左"的错误决裂，开始探索农村走出危局的路径。

安徽农村的拨乱反正是在万里为第一书记的中共安徽省委领导下展开的。1977年6月，万里临危受命，出任中共安徽省委第一书记。到了安徽之后，他跑遍了江淮大地，多年的极左错误，十年"文革"内乱给这个资源丰富的大省,尤其是给这里的农村带来的严重破坏,使他触目惊心。他眼见农民是如此贫困,新中国成立快30年了,竟有这么多人在挨饿!他决心采取措施改变农民的悲惨命运。其具体措施就是停止"农业学大寨"运动中推行的那一套"左"的做法,尽快落实已被实践证明行之有效的党在农村的经济政策。1977年11月中共安徽省委制定《关于当前农村经济政策几个问题的规定(试行草案)》,共有六个方面的规定,故又简称"省委六条"。从此,安徽省在全国最早迈出了纠正农业战线"左"的错误,落实农村经济政策,拨乱反正的步伐。农村形势也从此开始在艰难曲折中向好的方面转化,人心回暖,生产发展,改革人民公社"大呼隆""大锅饭"旧体制的要求,也开始在一些农民和干部心中萌发……

与安徽情况相类似的还有四川。中共四川省委在农村方面最重要的措施是:从1977年秋开始"全面清理党在农村的经济政策",先后发布了一系列关于农村、农业的政策法规,其中有《关于目前农村经济政策几个主要问题的规定》,发起对农业战线"左"倾错误的清算。

在安徽、四川两省的带动下,全国先后有甘肃、辽宁、内蒙古、广东等省区也开始落实党在农村的经济政策,纠正"左"的错误。而正是这些地方落实党在农村的经济政策的行动,打开了通向农村改革的道路。

从以上情况来看,我们认为,中国农村改革的起始期应当从1977年秋冬算起,或者更明确一点说,从中共安徽省委制定农村"省委六条",开始清理落实农村经济政策时算起。这早于十一届三中全会一年多时间。

农村改革最核心的是农业经营体制的变革。但是，体制改革的前提是对"左"的指导思想的彻底批判与扬弃。改革初始并不具备全面纠正"左"倾错误、废除人民公社集体经济体制的条件。这样的形势决定了农村改革只能采取特殊的方式展开。第一，它不像许多运动那样，先由党中央制定"顶层设计"，再一步步层层推进。相反，它是由农民从农村实际出发提出变革要求，采取变革行动，可谓自下而上的推动。第二，它不可能直奔主题，变革人民公社体制，而只能从实际出发，先从某个方面的具体问题开始，迂回前进，逐个突破。连一马当先走在改革前列的安徽省委书记万里都坦言，当时他也不能提出改革"三级所有"的人民公社体制，因为"人民公社是上了宪法的"。他说，当时他在安徽纠正"左"的错误的行动只能是"从毛主席亲自主持制定的'60条'中去找根据"。

"60条"就是20世纪60年代初毛泽东主席主持制定的《人民公社工作条例修正草案》。"从'60条'中找根据"，就是从农村农业实际出发，以落实党在农村的经济政策为突破口，纠正"左"倾错误，实行拨乱反正。这是安徽农村走向改革的最初一步。四川等地也是从清理、落实党的农村政策入手，批判、纠正农村工作和农业经营上"左"的错误，救民于水火，从而收拾人心，调动农民丧失殆尽的生产积极性，恢复濒于破产的农业生产。而亿万农民在人民公社集体经济体制压制下忍受了多年，强烈要求改变挨饿受穷的命运。在粉碎"四人帮"的伟大胜利、"真理标准"大讨论带来的全国人民思想大解放的浪潮鼓舞下，从吃饱肚子这一最原始也最实际的愿望出发，乘纠"左"落实政策之势而起，放开手脚对现行的人民公社集体经济体制提出挑战，坚决要求解散"捆死手脚的大集体"，砸烂吃不饱肚子的平均主义"大锅饭"。具体做法就是改变"大呼隆劳动""大锅饭"分配，实行联产承包。但开始时也只能是联产承包到组，经过曲折的斗争，才一步步走到"包产到户"，最后到"包干到户"，最终推倒了人民公社集体化的农业经营体制。在这一过程中，农民是主要推动力量，党中央总揽全局，顺应历史潮流，从实际出发，尊重农民的首创精神，支持农民的改革行动，并总结、完善农民的改革实践经验，领导全国农民建立健全了家庭承包责任制，从而完成了农业体制的这场伟大变革。

这正是中国农村改革最突出的特点。

研究中国农村改革的历史，必须从这些实际情况出发，这次农村改革是中国共产党领导全国农民的一次伟大实践，是一个应当载入史册的范例。

二 改革从落实党在农村的经济政策"破题"
——揭批"四人帮"、落实政策为改革开路

排除了"农业学大寨"运动的干扰，农村揭批"四人帮"、落实党在农村的经济政策，实行拨乱反正，逐渐形成热潮。安徽、四川等省走在前头，其他地方也逐渐跟了上来。随着1978年的春风吹起，农村开始出现复苏迹象，农民冷透了的心开始回暖，萌生了希望。中国农村向改革之路大大前进了一步。有人说，这时，中国农村改革这篇锦绣文章开始"破题"了。它的"破题"之章就是落实党在农村的经济政策。走在最前列的是安徽，而在安徽一马当先的是滁县地区。

1977年12月，第一次农村记者座谈会之后，新华社农村新闻报道便开始了报道重心的转移。这时，"农业学大寨"运动也越过了它的顶点，开始走下坡路。这场持续了十多年一浪高过一浪的运动从此开始式微。而与此同时，在安徽、四川的带动下，全国农村形成联系实际揭批"四人帮"破坏农村、农业罪行的热潮，落实党在农村经济政策的热潮持续高涨。新华社的农村新闻报道坚决与"农业学大寨"运动拉开距离，把报道重点放在以下两个方面：一是深入揭批"四人帮"对农村农业的破坏；二是落实党在农村的经济政策。

农村记者座谈会之后，各分社农村记者立即行动起来，有些记者元旦、春节都没好好过就采访去了。他们纷纷上山下乡，投入调研采访工作。1978年开始新华社陆续编发了一批重点报道，农村报道出现了一个崭新的局面。新华社的农村改革报道也从此开始"破题"。

1. 抓住安徽、四川两个典型做大文章

在落实党在农村经济政策的行动中，安徽、四川走在前头。我们就把这两个省作为落实政策报道的重点。当时的口号是：抓住两个典型，做大文章，搞出一批重点报道，推动全局。

1978年春节到来之前，我来到安徽，一是了解安徽改革第一线农村的情况，二是组织安徽的重点报道，包括人力的调集。既然确定了安徽、四川两省作为报道重点，就要投入足够的力量。调兵遣将，从总社和各个分社调派记者来安徽。几个月前应万里同志之邀，总社已派去一位资深记者张广友（后调任《农民日报》总编辑），这

次又先后从山东、四川、宁夏等分社及总社农村组抽调南振中、傅上伦、刘宗棠、黄正根等到安徽农村，与安徽分社一起投入采访。

这时正值1978年春节到来之前，张广友陪我去了干部思想最为活跃、在落实政策方面走在全省前列的滁县，见了地委书记王郁昭，并去了凤阳、来安等县的若干个社队，见了陈庭元、王业美等县委书记。在合肥我还拜访了省委书记万里。

万里1977年6月来到安徽之后，跑遍了江淮大地，多年来的极"左"政策、"文革"十年内乱，给这个农业大省带来严重破坏，使他触目惊心。在走了若干个县回到合肥之后，万里动情地说："新中国成立快30年了，我们的老百姓竟衣不遮体，食不果腹，有的十七八岁的姑娘连裤子都穿不上，我们有何颜面见江东父老，问心有愧呀！"同时，他也认定，"农业学大寨"的路绝不能再走下去了！农村农业发展非得另找一条出路不可！那么，出路在哪里呢？万里说，这就是"从'60条'中找根据"，即落实党在农村的各项政策。

这期间，万里看到了中共滁县地委1977年7月《关于落实党在农村的经济政策的调查情况和今后意见》的报告。这份报告主题是：解决农村农业问题，首先要落实党在农村的经济政策。报告指出，"四人帮"指责按劳分配是"强化资产阶级法权"，社员经营少量自留地和家庭副业是"给资本主义供氧输血"，集体开展多种经营是"金钱挂帅"，关心群众生活是"福利主义"等，把人们的思想搞乱了，把党的农村经济政策搞乱了；如不把他们搞乱了的党的农村经济政策和人的认识纠正过来，就不能调动起群众的积极性。报告还就解决这些问题提出了若干具体意见。

这个报告上报到省委时，万里刚到安徽，没有看到。一个月后，万里对安徽农村有了一些感性认识后，看到滁县地委再一次送上来的这个报告，他认为，滁县地委的这份报告抓住了农村工作的主要矛盾，将这份材料批转印发给全省各地、市委。他写了如下批语："滁县地委组织力量深入群众，对农村经济政策认真进行调查研究，这是个好的开端。这个问题，很值得引起各地重视。"

　　中共滁县地委的这份报告提出的问题，与万里经过深入调查后形成的思路不谋而合。这也使万里更坚定信心把农村工作重点放在落实党的经济政策上来。他想应当尽快制定一份文件，把当前最急迫的农村经济政策问题集中起来，以省委的名义加以重申，在全省农村实行。他主持召开了省委常委会议，专门研究落实农村经济政策问题。通过了《关于当前农村经济政策几个问题的规定（试行草案）》（即"省委六条"）。文件说，省委认为，"四人帮"在农村的流毒影响很深很广，要害是破坏了党在农村的经济政策。广大农民对"四人帮"破坏党的政策有切肤之痛。从抓落实农村经济政策入手，把揭批"四人帮"与解决农村的现实问题紧密结合起来，就能把揭批运动引向深入，调动起广大社员群众的积极性。

　　安徽"省委六条"的出台也不是一帆风顺的。一次省委常委扩大会议讨论修改"六条"时，就发生了激烈争论。有人说，"六条"不符合社会主义方向，并警告万里，"不要犯1960年的错误"（1960年大饥荒后，安徽曾大面积实行名为"责任田"的包产到户，后被批判、纠正）。有人说，"六条"给农民的自主权太多了！事后万里说，本来还想在政策上再放宽一些，但由于反对、怀疑的人不少，我们只能等待，原来的一些设想没有再写进去。

最后,"省委六条"作为省委文件下发实行,主要内容是:

(1)搞好农业的经营管理,允许生产队根据自身的情况组织生产,可以根据农活的不一建立不同形式的生产责任制,可以在生产队之下组织作业组,只需个别人完成的农活也可以责任到人;

(2)因地制宜,从实际出发发展生产,不要急于搞"过渡";

(3)减轻生产队和社员的负担;

(4)落实按劳分配政策;

(5)粮食分配兼顾国家、集体和个人利益;

(6)允许和鼓励社员经营自留地、家庭副业,开放集市贸易。

20年后的今天再看这六条,似乎都很平常,但在当时,的确抓住了农村问题的要害,其中不少地方突破了"左"的"禁区",下发后在全省引起强烈反响。万里与张广友都向我说过,"省委六条"发出后,迅速打破了"四人帮"控制时万马齐暗的局面,农民的心热起来,奔走相告。一时间,宣讲、学习、落实政策成为安徽广大农村的舆论中心。农民欣喜异常,生产积极性高涨,不论是在平整土地、兴修水利的工地上,还是在管理越冬作物的田野里,社员出勤之踊跃,劳动工效之高,情绪之饱满,都是前几年所没有的。

这些情况自然成为我们报道的内容。1978年1月5日新华社发出反映万里出任安徽省委书记后治皖成就的长篇报道《安徽大步赶上来了》,其中突出报道了农村纠"左"、落实政策的成效。之后,我们又与《人民日报》两家记者合写了专稿《一份省委文件的诞生》。

　　万里在与我的那次谈话中，还强调指出，在抓落实政策中，他十分重视尊重、落实生产队的自主权。安徽"省委六条"中有一条也是专门讲尊重生产队自主权的。万里说："农民种什么我们要管，收入分配我们也管，而且从上管到下，管得那么具体，我们懂吗？所以我提出生产队自主权的问题。"这个问题应当说很大，实质上是如何正确对待农民的问题。他还满怀感慨地说："对农民种地，我们比国民党还厉害，国民党只管要粮要钱，不管别的，我们可好，什么都管，种什么要管，怎么种要管，收了庄稼怎么分配也要管，一个人吃多少斤小麦也要拿到省委常委会讨论，农民还有什么权利？我们管这么多，能管好吗？我们有些人搞瞎指挥，什么他都管，就是不管农民的死活，以致三年困难时期饿死那么多人。"

　　万里关于尊重生产队自主权的观点在实践中得到印证。1977年，安徽全省遭遇大旱灾，全省70余县市只有江南的当涂和江淮之间的定远两个县没有减产。定远本是沿淮七大穷县之一，在全省全面减产的情况下，非但没有减产，反而增产幅度较大，秘密何在？总社和四川分社组成一个记者组，经过一番调查，发现其秘诀只有一个，这便是落实了党的农村经济政策，特别是真正尊重生产队自主权，放手让全县的生产队真正搞"自由种植"！两位记者在定远采写出一篇典型报道《生产队有了自主权农业必增产》。新华社1978年2月15日播发了这篇通讯。《人民日报》于2月16日在头版位置刊出，并配发了评论员文章——《尊重生产队的自主权》，热情赞扬，高度评价了定远的做法。

　　落实党在农村的经济政策报道的另一个重点是四川省。

四川是农业大省，当时全省人口占全国的1/10，在全国占有举足轻重的地位，自古以来就有"天府之国"的美名。在"文革"十年内乱中，四川是受害的重灾区，农业生产发展缓慢，人民生活极为困苦。"文革"前全省尚有粮食调出支援别省，而"文革"后期已无粮可调，1976年还调进12亿斤。"天府之国"养活不了自己的儿女了！

四川省委解决农村问题的方略也是从落实党在农村的经济政策入手。1978年4月，四川省委主要负责人在接受我们采访时说："农村要恢复，农业要发展，现在可行的办法就是落实党在农村的经济政策。为了落实，先要清理。有些不适应新形势了，先放放；实践证明是切实可行的，如'60条'中若干重要规定，就要拿出来实行！现在我们在农村的中心工作就是这一条！"

从1977年下半年起四川全省开始全面清理、落实党在农村的经济政策。1978年2月省委颁发了《关于目前农村经济政策几个主要问题的规定》。1978年4月的这次采访，我们写出了长篇通讯《四川全面清理认真落实农村的经济政策》，6月21日由总社播发，次日《人民日报》在头版头条位置突出刊载。

1978年秋收之后，四川农业战线捷报频传，新华社及时进行了报道。这年的12月上旬、下旬各发了一篇报道。前一篇报道四川战胜严重干旱、农业全面增产。这一年，四川省大部分地区发生春旱、夏旱、伏旱和秋旱，持续时间长，受灾面积大。2200多万亩耕地受旱，却夺得了全省全面大丰收。说起四川战胜干旱的原因，农民给出响亮的回答：是党的政策显威力。12月下旬的报道着重于"经验总结"：四川的农业生产为什么能够很快恢复？

安徽、四川的做法和成效通过一篇篇新闻报道广为传播，有力地推动全国农村形势的发展，各地先后行动起来，抓清理、落实党在农村的经济政策。从1977年冬天到1978春天，先后有甘肃、辽宁、广东、江西、内蒙古等省、自治区开始积极有力地抓落实党在农村的经济政策工作。新华社逐一进行了重点报道。

落实党在农村的经济政策，是清除"左"的流毒，收拾人心，发展生产，走向改革的头一步。在安徽、四川的带领下，一个落实农村政策的潮流逐步在全国范围内形成，从落实经济政策入手的农村变革的潮头开始在中华大地上出现。

2. 农民奋起揭批"四人帮""左"的倒行逆施

新华社农村报道实行调整，与"农业学大寨"运动拉开距离之后，报道重点放在两个方面：一个是以安徽、四川为代表的落实党在农村政策的行动，这是通向农业体制改革的路径；与此相适应，另一个报道重点便是深入揭批"四人帮"破坏农村农业的罪行。

在前两年，由于那位副总理等提出揭批"四人帮"的重点是所谓"三反一砍"，根本打不中"四人帮"破坏农村的要害，脱离了农村实际，解决不了农村的现实问题，有的地方甚至批歪了，越批政策越"左"，农民便失去了揭批热情。走了一段弯路后，1978年春节前后，在安徽、四川行动的影响下，各地开始把批判的矛头转向"四人帮"干扰破坏党在农村经济政策的实行、破坏农业生产的"左"的罪行上来。有的地方揭批的矛头直指"农业学大寨"运动"左"的错误表现。这样一来，揭批运动与农民命运息息相关了，农民的积极性也起来了，揭批不断深入。我们的报道也紧紧跟上，把各地揭露出来的种种问题都陆续披露出来。

新华社农村记者座谈会之后，采写编发了一大批揭批"四人帮"破坏农村政策罪行的稿件。最早发出的是揭露甘肃省"用无产阶级专政的办法办农业"这一骇人听闻口号的报道。这个口号是当时甘肃省委负责人于1975年夏天提出来的。这个口号不仅理论上荒谬，而且在实践中造成的危害更大。该观点认为，发展农业的阻力来自三个方面："一是阶级敌人的破坏和捣乱；二是小生产、小农经济思想的旧的习惯势力的阻挠和反抗；三是党内'右倾'保守思想的干扰和抵制。"而要排除这些阻力，"唯一的一条，就是加强无产阶级专政"。从而提出"用无产阶级专政的办法办农业"的口号。这样，他们就把"小生产者""小农经济思想""旧的习惯势力"和"右倾保守思想"的人，统统当作阶级敌人一股脑儿列入专政范围之内。其进一步的说法说得更明白：现在的专政对象，包括"没有改造好的小生产者"。这下就把所有的农民都弄成了专政对象。

"用无产阶级专政的办法办农业"出现在1975年所谓"学习继续革命理论"的热潮中，是"四人帮"极力鼓吹的"左"的理论的具体体现。它的一个重要特点，是以"限制资产阶级法权"为旗号，对党在农村的经济政策造成极大破坏。特别是张春桥的《论对资产阶级的全面专政》文章的出笼使不少地方破坏党的政策带上了"理论"的色彩。"用无产阶级专政的办法办农业"是学习张春桥"全面专政"论的心得。这套办法推广到哪里，哪里的农民劳动积极性就受到严重的挫伤，"要抓阶级斗争，颗粒无收也不要紧"。堪与甘肃的"用无产阶级专政的办法办农业"相提并论的，还有辽宁省的"哈尔套经验"。对这个造成极大危害的"经验"，我们的报道也给予了无情的揭批。

"大寨经验"说,"堵不死资本主义的路,就迈不开社会主义的步"。"哈尔套经验"便是集"破""立"于一身,既抓"堵路",同时又抓"迈步"的一个新"创造"!时任辽宁省委书记毛远新说:"有了哈尔套经验,农村的方向道路问题就解决了。"

"哈尔套经验"有两个方面的内容:第一个方面是"堵资本主义的路",具体点说就是整基层干部,斗农民群众,关闭集市贸易;第二个方面是"迈社会主义的步",关了政策允许的集市贸易,又打出"商业革命"的幌子,搞了一个"赶社会主义大集"的新花样。

从1975年1月开始,哈尔套每"五天赶一次公社大集"。而且要求赶集人要多,让所有社员都去赶集卖东西,要"党员干部带头,群众不空手"。1月5日"哈尔套大集"正式开始,宣传车开路,公社党委书记扛着半扇猪肉走在前头,其他干部也抬着猪肉,按照规定的"路线"走向集市。由于家庭副业遭到摧残,社员手中已很少有可卖的东西,为了给"大集"装点门面,他们就强行摊派,逼着社员到外地花高价买回农副产品到"大集"上低价出售,社员苦不堪言。后来,毛远新及其追随者又觉得"社会主义大集"只有买卖还不够,还要扩大规模,充实政治内容,这样一来,"集"越赶越大,内容越来越奇,发展到没有斗"走资派"不能开集,没有干部送子女下乡务农不能开集,物资不"极大丰富"不能开集。每次赶"大集"都要搭彩门,组织大批群众走方队、扭秧歌,拉着活猪游行。从推广"哈尔套经验"到"四人帮"垮台的一年半时间里,彰武全县共赶了105次大集。有人做过粗略估计,仅1976年这一年赶"大集",就浪费了社员上百万个劳动工日。真是"物资赶没了,人心赶散了，生产下降了"。这一年全县的粮食大减产。

"哈尔套经验"的一个重要内容是整农村基层干部和农民群众。"四人帮"把我国亿万农民统统诬蔑为自发产生资本主义的小生产者，当作"全面专政"的对象，对那些不愿跟他们跑的基层干部，一律当作"走资派"揪斗，叫嚷对他们的斗争"不能心慈手软，要实行铁的手腕，怎样斗也不过分"。

揭批高潮中，吉林省揭露出一个"突出政治"的典型——"东丰经验"。所谓"东丰经验"，就是通过大批判，把一个本来山清水秀、土地肥沃、过去每年向国家提供一亿多斤商品粮的东丰县，闹成了粮食减产、干部挨整、社员受穷的"重灾区"。

"东丰经验"的核心，用当地群众的话来说，就是"不让生产""生产有罪"。"东丰经验"从出笼到经历一段小曲折而后复活的几年间，生产竟作为被批判受攻击的目标，荒唐地喊出"狠斗生产一闪念"的口号。"唯生产力论"的大帽满天飞，只准空谈抓革命，不准搞好农业生产。谁要抓生产，什么"生产党""民主派""猫书记"（践行邓小平"猫论"的党组织负责人）等罪名就会接踵而来。

结果是不少地方生产无人管，庄稼地撂了荒。"东丰经验"的种种倒行逆施，严重破坏了农业生产。"东丰经验"出笼后的三年，东丰全县粮食平均年产量比1949年还低6000多万斤。对"用专政办法办农业""哈尔套经验""东丰经验"的揭批，新华社都采写了长篇专稿，做了重点报道。

同时我们还组织了一批报道揭露"建设大寨县"运动中的一批"假大寨县"欺世盗名、祸国殃民的罪行。

1970年北方地区农业会议之后，"农业学大寨"运动开始进入了所谓"建设大寨县"的新阶段。据1977年11月"普及大寨县工作座谈会"形成的"汇报提纲"说，1970年全国出现第一个"大寨县"——大寨所在的山西省昔阳县。1975年10月全国第一次"农业学大寨"会议提出，到1980年把全国1/3的县建成"大寨县"。大家都说这是一个"高指标"。可是，1976年第二次全国"农业学大寨"会议时再统计，全国竟有123个县建成了"大寨县"。1977年"农业学大寨"出现"新高潮"，各地又报上来有284个县建成"大寨县"。短短八年时间全国就建成"大寨县"723个！

实际情况究竟怎样呢？"普及大寨县工作座谈会"的"汇报提纲"说：全国有1/3的县建成了"大寨县"，而全国农业生产并没有明显提高；在已建成的"大寨县"中，有207个县没有增产。有的县农牧业生产或社员收入，对国家贡献等项甚至未达到历史最高水平；其中还有一些明显的"假大寨县"，如甘肃礼县、安徽利辛等地，闹得农业减产，社员逃荒要饭。显然，"建设大寨县中有虚假现象"。

"假大寨县"大约有两种类型，其中之一是弄虚作假，骗取荣誉，在农业生产上虚报粮食产量，结果是高产量带来高征购，老百姓苦干几年反而生活水平下降、口粮紧张，甚至挨饿逃荒。所以不少地方老百姓骂道："真真假假大寨县，害得社员去讨饭。"这类假大寨县不少。全国最有名的，也是第一个大寨县——山西省昔阳县，1973—1976年共虚报产量2.3亿斤，占同期总产的24%。还有湖南安乡、吉林榆树、安徽利辛、甘肃礼县，无不谎报成绩，图虚名，招实祸。

当地农民气愤地说："辛辛苦苦干一年，吃粮还要国家管，这算什么'大寨县'!"

揭批"四人帮"破坏农村农业罪行的报道不断深入,通过我们的报道使"四人帮"的罪行昭然于天下,同时有力削弱了"农业学大寨"运动的声势和影响,推动了各地落实党在农村经济政策的行动。

3.各地农民愤怒发出责问

继续搞好落实政策、揭批"四人帮"罪行的宣传报道符合农村实际,合乎农民的心愿。多年来种种"左"的做法早已弄得天怒人怨,随着揭批的深入,尤其是开展"真理标准"大讨论后,农民的胆子更壮了,对那些祸国殃民的"左"的做法,发出一声声愤怒的声讨。农民的这些呼声都成了我们报道的重要内容。

1978年春天,在一片质问声中,有一个声音格外响亮,引起全国上下关注,这便是河北省沧县农民面对强行收回他们自留地的县委发出的责问:"是县委大,还是宪法大?"

在"文革"期间,中共河北省沧县县委错误地把社员个人经营的自留地,当成"资本主义尾巴"和"产生资本主义的土壤"来批判,前几年先后将全县绝大部分社员的自留地收归集体耕种。广大基层干部和社员对此极为不满。粉碎"四人帮"以后,有不少地方还了社员的自留地,而沧县县委却一直按兵不动。

1978年3月上旬,第五届全国人大第一次会议通过的新宪法公布了。《宪法》第七条明文规定:在保证人民公社集体经济占绝对优势的条件下,人民公社社员可以经营少量的自留地和家庭副业。沧县广大干部和群众高兴地说:"新宪法说出了咱们的心里话,这回县委该按国家的根本大法办事了。"可县委却认为，凡是重分自留地的，就是复辟倒退，就是留恋资本主义！

沧县县委这种公然违背党的政策和国家根本大法的做法，激起了广大干部和群众的极大愤慨。社员气愤地质问："是县委大，还是宪法大！"有的社员说："经营自留地符合新宪法，我们敢当面跟县委辩论！"

另一声责问发自湖北的钟祥县，责问是愤怒的，但口气又有几分幽默："不准社员养鸡，半夜三更干部偷偷摸摸去摸社员的鸡笼子，干的是社会主义的事吗？"

河南的农民愤怒地责问："为什么不让我们种生姜？"

四川省川西坝子上的农民带着几分火辣辣的火气责问："田坎豆为啥不让种？"从1967年起，四川不少地方把"田坎豆"当作资本主义来批，结果是群众要想吃点豆腐、喝点豆浆都很难，市场上的各种豆制品供应几乎绝迹。

浙江吴兴县的农民责问："为什么砍掉我们的桃树？"

与此同时，来自全国各地农村的责问之声四起："为什么毁了我们的瓜田？""为什么拔了我们的菜苗？""为什么砍了我们自种的树木？"

"四人帮"搞得农村五业凋敝，怨声载道。

还有一声惊人的责问来自海南岛。1978年12月初，新华社几个记者在海南岛东方县了解到一桩咄咄怪事：10月19日晚上，文质大队的干部开会决定火烧"资本主义"。当晚，大队干部就将野地上社员的茅草堆点了火。他们烧了一垛又一垛，从夜晚一直烧到第二天下午。当地社员看到自己的辛劳成果化成灰烬，不禁发问：这把火烧的真是"资本主义"吗？

地处亚热带的福建农民在发问：气候温和、雨量充沛、四季长青的福建省，为什么前几年的经济作物濒于绝种？新华社福建分社一名记者通过调查做出回答："四人帮"一伙把多种经营、搞各种副业当作资本主义倾向加以批判，实际上成为"以粮为纲，全面砍光"。给全省的多种经营带来了严重的灾难。

内蒙古自治区淳朴的牧民实在难以明白："我们养牛、马、羊给国家贡献皮、毛、肉，国家给我们供应口粮，怎么能说我们'吃亏心粮'呢？"

"牧民不吃亏心粮"是"四人帮"横行时在内蒙古等牧区喊出来的一个极为荒谬的口号！牧民本以畜牧为业，通过自己的辛勤劳动向国家提供肉、乳、皮、毛等畜产品。理所当然，国家应当供应他们口粮。所谓不吃"亏心粮"，就是要他们弃牧开垦草原种粮食。这对草原资源是极为严重的破坏。收了眼前小利，造成百年大害，贻害子孙后代。

全国各地农民发出的声声质问我们都以消息、来信、评论等各种形式在媒体上发表出来，声讨"四人帮"罪行的热潮更加深入人心。

三 改革进入全面推进新阶段
——十一届三中全会开启了中国农业农村发展史上的大转折

中共十一届三中全会是中国历史上的伟大事件，中国农业农村以此为起点，开始了历史性的伟大转折，纠正"大跃进"、公社化以来的"左"的错误指导思想，进入正常发展轨道，农村改革也由此进入全面推进的新阶段。

1. 深入批"左"是宣传好三中全会精神的关键

党的十一届三中全会后，宣传全会精神是新华社农村报道的中心任务。而要做好宣传报道，首先要学习领会《中共中央关于加快农业发展若干问题的决定（草案）》（以下简称《决定》）的精神及主要内容。

我们认为应当在这时马上再召开一次全社农村记者座谈会来学习、领会全会精神，使我们的新闻报道跟上新时期的新形势。

副社长穆青热情地支持我们的打算，我们兴奋地进行了一次长谈。他问我："农村组的同志们对中央《决定》认识得如何？"我说大家深受鼓舞，对三中全会确定的纠正"左"的指导思想及相应政策措施都热烈拥护，从心底里感到兴奋。从总体上看，我们这支队伍思想认识上没有需要转弯子的问题。一年前，我们提出调整报道内容，与"农业学大寨"运动拉开距离时，还有不少同志面临思想认识上转弯子的问题。现在，贯彻三中全会精神，不需要在思想认识上转弯子了。

穆青高兴地说，这一年形势发展有些特殊，尤其是农村，风雨不断，我们的农村报道方向明确，在复杂的斗争中，一直站在正确的方向，发挥的作用是很积极的。这首先是因为我们及时调整了报道方向，并通过会议及报道的实践，统一了大家的认识和行动。

说到这里，他停住了话头，转而问我："过去我多次要求你们及时坐下来总结这一段的实践经验,你们认真总结过吗?你是这一段农村报道第一线的主持者,你怎样看这一年的报道?主要经验是什么?"

他问得很突然。对这个问题我也曾有所思考,但一时间难以给出准确的回答,这时正好也想听听他的高见,所以我便没有开口。他却也一言不发,等待我的回答。相持了一小会儿,还是他打破了沉默,说:"我看最根本的还是那句老话——实事求是!对农村农业问题的认识,我们基本上坚持了实事求是的原则,我们的报道做到了从当前农村实际出发,符合广大农民的愿望。你刚才说,贯彻三中全会精神,我们大多数农村记者思想认识上不存在转弯子的问题,我也是这样估计的。但这不是说我们的同志比别人高明,而是因为从去年或者说从粉碎'四人帮'之后,我们已经开始正视农村的严峻形势及存在的诸多严重问题。'真理标准'的讨论也在帮助我们逐步打破思想禁锢,恢复了实事求是的思想路线,对农村、农业、农民问题的认识,从那时开始已经在转弯子,开始敢于面向实际了。去年我们提出调整报道内容,与'农业学大寨'运动拉开距离,应当说那是宣传报道上转的一个挺大的弯子。可这个弯子转得很顺利。那次会议之后,农村报道就发生了巨大变化。这是为什么?我看根本原因就在这里,就在于指导思想实事求是,是从实际出发的。"

这也正是我们农村组记者们的共识。为什么我们的农村记者能够做到实事求是?因为我们的农村记者长期以来一直深入农村第一线,在泥里水里摸爬滚打,与农民关系密切,了解农村的真实情况,了解农民的心愿。所以,他们对农村、农业和农民的实际情况是比较了解的。在宣传报道上,只要指导方针拨正了,解除了"紧箍",

他们就能很快跟上来！

　　一来二去，我们这次谈话也算是为一年来的农村报道做了一个初步的却也有一定深度的总结。穆青似乎意犹未尽，顿了一会儿又继续说道，这是新华社记者队伍的可爱之处，是我们新华社的一个好传统。他们这代人从走进新闻队伍后，中央有关领导、新闻工作的前辈就耳提面命，教他们树立实事求是的世界观，教我们深入实际，密切联系人民群众。这个传家宝希望我们这一代人接过去，再通过我们往下传。

　　说到这里，穆青有些动情了。他的殷切期望之情也使我深受感动。之后我还几次听到他在不同场合，对不同的人讲深入实际、紧密联系群众、勿忘人民的话。每一次他都是语重心长，情真意切。这是他一生实践经验的总结，也是他对所有新闻从业者的殷切期望。

　　下面的话题是这次记者会怎么开，我汇报了农村组的计划。对于我们的计划，穆青表示同意，并又接着上面的话题继续说："集中力量宣传三中全会精神，深入批判'左'倾错误，是符合实际的。如何搞好，需要你们去讨论、组织、落实，我就不说什么了。我要说的还是实事求是，实事求是的作风要贯彻始终。三中全会一开，中央的决议贯彻下去，农村形势马上就会发生巨大、深刻的变化。一个伟大的历史新时期就这样开始了。这是令人鼓舞的，但现实中也会有许多我们想不到的新情况、新问题展现出来。旧的矛盾解决了，新的矛盾又出现了，而且可能更加尖锐复杂；我们原来经过多年深入调查研究，是比较了解农村情况的，现在就可能一下子变得不了解了；我们熟悉的问题解决了，而新的我们从来没接触过的问题又会接踵而来；人民群众原来的一些希望实现了，又会有新的要求提出来。这种巨大深刻的变化，对每位记者、编辑都是一个极大考验。所以，这次会上要再一次向你们强调深入实际调查新情况、研究新问题。所有编辑、记者都要走出办公室深入下去，了解新历史时期农村的新情况，发现新问题，使我们的思想永不脱离实际，认识上要跟上农村新形势前进的步伐！别看现在大家都兴高采烈，都衷心拥护三中全会精神，但若是不及时、深入了解全会后农村的新形势、新情况、新问题，很快又会变成瞎子聋子。那样，即使有良好的愿望，也无法搞好新时期的农村报道。"

前面那番话带给我的是深刻的启迪，而这番话却是有几分震撼力！当我们经历了过去一年的风风雨雨，迎来三中全会开辟的农村农业发展的新阶段时，心情十分兴奋，但对未来形势的认识确实有许多不符合实际的地方。不少人都感到这下可好了，多年来的问题解决了，大大松了一口气，而事实恰恰相反，新时期的一系列新问题层出不穷，斗争仍然尖锐复杂。实践在继续，形势在发展，人的认识永无止境啊！

这次谈话也成了我们要召开的农村记者座谈会的一个指导思想。农村改革时期新华社的第三次农村记者座谈会，在1979年2月5日至10日召开，座谈会的主题是学习三中全会精神和《决定》，研究如何搞好三中全会精神的宣传报道。

会上我们传达了社部领导的上述谈话精神，在队伍思想作风上，要求记者进一步深入实际；在报道思想上，要求抓住批"左"纠"左"这个环节不放。

座谈会开了六天，形成一致的共识：从合作化后期以来，20多年间农业生产上不来，关键在"左"的错误。只有彻底批判极左，目前农村存在的诸多问题才能得到根本解决，农业生产才能大上。农村报道要紧紧抓住批"左"纠"左"这个主题不放。中央的《决定》，也只能通过深入批"左"、不断肃清"左"的流毒才能实现。

座谈会上，记者列举出大量的事例揭露"左"对农村的危害。

"左"的表现之一是基于对农村的主要矛盾和对农村的阶级力量估量的错误，认为农村的主要矛盾是两个阶级的矛盾，是社会主义与资本主义的矛盾，本来"一穷二白"的农村，被看成遍地资本主义，农村干部都是一心走资本主义的坏人，农民被看成"每日每时"自发产生资本主义的小生产者。多年来，整个农村不以基层生产为中心，无休止地搞政治运动，整干部，整群众。从1956年到"文化大革命"，运动不断，批斗的调门越来越高，手段越来越狠，甚至荒唐到"宁要社会主义的草，不要资本主义的苗"的地步。

"左"的另一突出表现是，在生产关系上，20多年来，无视生产力发展的实际状况，追求空想的"一大二公"，甚至幻想要尽快向共产主义"过渡"。"大跃进"和"人民公社化"失败，农村经济受到极大破坏，出现了所谓"三年困难"时期。超越现实的公社体制被迫退到"三级所有、队为基础"，以生产队为基本核算单位才基本稳定下来。但接着又搞起了"四清"运动、"农业学大寨"运动，接着"文化大革命"掀起更高的"左"的狂潮。"大批促大干"，"割资本主义尾巴"，搞"穷过渡"。粉碎"四人帮"之后，有些人还坚持"左"的一套不放，直到1977年，还要搞大规模的"穷过渡"。

座谈会上，大家还反映，三中全会以后，各地纷纷召开省委常委扩大会议，传达学习三中全会文件，研究贯彻会议精神的部署，基层干部和社员欢欣鼓舞，总的形势很好。但是要贯彻好《决定》

还存在不少问题。

一是各地工作情况很不平衡。有的省的领导思想解放，行动较快，如安徽、四川、广东、甘肃、内蒙古等省、自治区。但有的省在传达贯彻三中全会精神时，没有很好地联系本省实际，对前一段时期不积极落实党的各项农村经济政策等方面的错误没有进行认真检查，许多遗留下来的问题不能很好解决，广大干部和群众意见很大，领导工作比较被动。

二是多年"左"的束缚不易打破，思想僵化和"恐'右'病"还在不少干部中普遍存在。对贯彻农村经济政策，仍然存在两头热、中间冷的情况，即中央、一些省主要领导同志和基层干部、农民群众这两头热，而中间省直厅局及地县不少领导干部冷，有些中层干部观望等待。甘肃省委搞了落实农村经济政策20条，但不少地县级行动迟缓，贯彻不力。贵州省粉碎"四人帮"以来在落实政策上已有几反几复，农民说，"上面思想很解放，下面群众很盼望，中间地县顶门杠"，对某些地县领导的做法很不满。

上述情况说明，极左路线的影响很深，余毒不浅。这也进一步说明，批"左"纠"左"的任务艰巨，绝非一日之功。

2.组织小分队下乡，报道农村批"左"热潮

这次农村记者座谈会之后，除统一对"左"的危害认识之外，最主要的成效是调集总社国内农村组及各分社多名记者，组成四支小分队，与各分社农村记者一起深入农村，了解各地贯彻三中全会精神的情况，进行深入报道。

十一届三中全会后，全国各地农村就兴起揭发、批判"左"倾

错误的热潮。在这方面，走在前头的还是安徽、四川两省。

在传达三中全会精神的安徽省委工作会议上，一批县委书记指出，过去许多年来，我们党的农村工作和农业生产建设，吃亏就吃亏在一个"左"字上。要实现党的农村工作着重点的转移，迅速把农业生产搞上去，就必须认真总结历史经验教训，旗帜鲜明地批"左"。

这时，我们农村组便派出记者与安徽分社记者一起及时报道安徽各级干部的批"左"行动。1979年1月发出一篇报道——《多年来农村工作吃亏在一个"左"字上》。

此后不久，中共安徽省委召开了党委扩大会。出席会议的人员通过学习形成一个共识：要贯彻三中全会精神，落实好关于加快发展农业的决定，必须坚决地批"左"。

安徽省委为此做出决定，要求各县尽快把中共中央有关加快发展农业的决定传达到农村干部和广大社员群众中去，让他们尽快领会中央文件的精神，深入批判"左"的错误；指出多年来极左思想对农业造成的极大祸害，当前农村工作中的错误，主要不是右而是"左"。对安徽省委的这次批"左"为主题的会议，新华社立即做了重点报道，刊发了《安徽省委决定批判极左路线，认真贯彻执行中央加快农业发展的决定》，在全国引起强烈反响。

四川在全省范围内的深入批"左"，是从批"恐'右'症"入手的。四川省委认为，必须扫除"左"的影响，才能落实三中全会精神。这一时期新华社在四川发了两篇产生巨大影响的报道：一篇是《清除唯心的阶级估量》的典型；另一篇是2月9日刊发的《四川部分地市县领导干部提出扫除"恐'右'症"才能搞好工作重点的转移》，报道列举了"恐'右'症"的多种表现，深入批判了"恐'右'症"。

所谓"恐'右'症"，就是在日常工作中老怕犯"右"的错误，来了运动老怕戴"右"的帽子。大量事实表明，对于某些领导同志来说，"恐'右'症"仍然是当前急需进一步医治的顽症之一。报道列出"恐'右'症"的六大症状之后，深入剖析了"恐'右'症"的病理。

报道说，我们许多共产党员在战争年代不畏枪林弹雨，不怕流血牺牲，为什么在和平年代却患上了"恐'右'症"？"恐'右'症"的产生是有着复杂的历史根源和社会背景的，追根溯源，有三个问题值得认真研究：

理论上的一系列混乱、偏差和谬误，是导致"恐'右'症"的思想根源。理论界只讲右倾机会主义是主要危险，仿佛"左"倾机会主义无足轻重。最后变成了"左"是认识问题、方法问题，"右"是立场问题、政治问题，是搞修正主义和复辟资本主义的问题。这就使我们完全放弃和取消了同"左"的斗争。

在工作指导上不断搞政治运动，一直反右倾，是产生"恐'右'症"的政治根源。搞了20年运动，反了20年右倾，不仅混淆了两类矛盾，颠倒了是非界限，搞乱了阶级阵线，更严重的是在人们心理上造成了"恐'右'症"。无论是干部还是群众，只要沾上一个"右"字，轻则检查批判，重则撤职开除党籍，甚至被整得妻离子散，家破人亡，在社会上形成一种"谈右色变""凡事'左'三分"的极端心理。

在此期间，我们还连续播发了青海省、内蒙古自治区贯彻三中全会精神、发展大好形势的报道，还有《基层干部称赞三中全会有十个好》，湖北分社采写的《沔阳县纠正"穷过渡"》，吉林分社采写的《把基层干部从极左紧箍咒中解放出来》等批判极左，贯彻三中全会精神的稿件。使批判"左"的错误在全国广泛开展起来。

3. 批"左"打开了人们思想解放的"闸门"

批"左"对广大农村干部也是一次"思想大解放"。

1979年初春，新华社一位记者来到了山东省沂蒙山区的蒙阴县孟良崮附近的垛庄公社。当时刚刚开始传达三中全会精神，有些基层干部想不通，对记者说："过去常说'阶级斗争，一抓就灵'，如今资本主义的路不让堵了。丢了纲，往后没个抓手，农村工作怎么弄？农业怎么大上？"

当年9月，这位记者再次来到垛庄，情况就大不一样了。上次开炮最多的一位公社革委会副主任一见到记者就说："我这个直筒子，后悔春天不该说那么多怪话！现在看，三中全会这一套办法，真行！"只不过半年时间，农村干部在思想认识上为什么会发生这么明显的变化？答案是：实践打开了人们思想解放的闸门，让他们认识到"左"的危害，摆脱了"左"的禁锢，人的思想解放了。前些年，"堵资本主义的路"，不准社员养羊喂鸡，现在他们亲眼看到了发展副业的好处，他们执行起党的有关政策来更加坚决。

还是山东，鲁北滨县有一个全国出名的先进典型，周恩来总理生前表扬过的"棉区的一面红旗"——杨柳雪大队。前几年杨柳雪大队也搞了一些"左"的东西，学习大寨经验，取消了定额管理，实行半年评一次工分的"大概工"记工法，美其名曰"限制资产阶级法权"。又在经济条件不具备的情况下，实行了口粮供给制，美其名曰"增加共产主义因素"。粉碎"四人帮"以后，当地不认真纠正那些"左"的做法，没有落实党的经济政策。从表面上看，社员照常出工，可是劳动效率大不如以前了，"干活一条线，一个说话两个看"。事实使大家认识到，虽然先进队群众的积极性高，但更要落实经济政策，才能保护这种积极性。

同时他们也认识到，在经济条件不具备的情况下实行口粮供给制，不能叫作"共产主义因素"，只能叫作"平均主义"。干部和社员统一了思想，取消了口粮供给制，恢复了70多项行之有效的制度，从而进一步调动了社员的积极性。1978年这个大队战胜了严重的自然灾害，夺得了粮棉丰收。

4. 纠"左"不可能一帆风顺

我们派出的几个小分队通过实地调查，对各地在学习贯彻三中全会精神过程中出现的各种问题，除了以公开报道，还通过"内参"向中央作了报告。从当时的报道来看，总的形势是批"左"纠"左"已经形成大势，但各地的发展很不平衡：有的省的领导思想解放，行动步子比较快；但也有的省在传达贯彻三中全会精神时，没有很好地联系本地实际，许多问题不能很好解决，领导工作被动。

一些地方有些干部多年来受林彪、"四人帮"极左路线的影响较深，完全从禁锢中解放出来，需要有一个过程。少数人对党的政策有误解，感到"现在批的正是过去干的，现在干的都是过去批的"，划不清是非界限。有的说，现在的政策"好是好，就怕长不了"，"再来反复，又给戴上右倾帽子"。有的说，三中全会的"这套政策就是右了，过头了，早晚还得回来，不如先看看再说"。前者怕变，后者等变，共同的表现是怀疑观望，迟疑不前。还有的人感到"老办法不灵，新办法不明，蛮办法不行"。有些地方的干部反掉了"长官意志"，变成"没有意志的长官"，无所适从，无所作为，该抓的工作不敢抓，该管的事情不敢管。绝大多数农民热烈欢迎三中全会精神，但也还有一些人对三中全会提出的政策将信将疑，担心"今天进一步明天又退两步"。造成这种状况的原因，主要是多年来运动不断，政策变动太大，失信于民。所以不论是搞承包责任制，还是落实别的政策，有些干部还有部分农民先看不动，等待观望。

最严重的情况出现在山西。运城地区竟有两位县委书记在1979年4月地委召开的扩大会议上，公然说"中央这一段的路线是错误的"，从三中全会到现在的几十天是"逆风千里""一场浩劫"。这些言论当属个例，对这类问题及倾向，我们都以"内参"形式向中央做了汇报。

记者反映出来的这些情况还说明，贯彻三中全会精神，深入批"左"，真正肃清"左"的流毒是一场艰巨的斗争，不可能一帆风顺。冰冻三尺，非一日之寒，中国农村"左"风源远流长，要清算、消除其影响，也绝非一日之功。贵州省在十一届三中全会前后的曲折经历，便十分发人深思。贵州地处云贵高原，山大沟深，全省"八山一水一分田"，农业生产条件较差，历史上就是个农业落后、农民生活贫困的地方。新中国成立之后，人民当家做主，贵州农业有了一定的发展。但是，由于各种条件的限制，合作化之后，全省多数地方的集体农业一直没有办好。集体经济一直没能"拴"住各族农民的心，不少地方的农业生产一直没能发展起来。

是什么原因造成了这种局面？新华社贵州分社记者通过深入调

查，在一篇调查报告中概括出三个原因：

一是自然条件决定的。贵州部分地区山大、沟深，土薄石厚，自然条件恶劣。

二是一些社会方面的因素制约着集体经济发展。如许多少数民族群众不会说汉语，听不懂广播，看不懂报纸。有的生产队记工分是往竹筒筒里丢苞谷籽，分粮食不用秤，用手扒堆堆。有的地方直到今天仍然是刀耕火种。像这样的地方，也在1956年一哄而起，一下子就实现了高级合作化。对相当一部分农民来说，当时实际上是用强制的手段，把他们驱赶上了集体化的道路，当年就有群众闹退社。1957年上半年合作社垮掉了80%，但在下半年的反右派斗争中，农村对闹退社的人实行所谓的"大辩论"，用批斗之法把他们强行赶回社里，集体制才从表面上稳定下来。不久又随着全国农村一起实现了公社化。但是，20多年来，很多地方集体徒有其名，生产一直没有搞上去，许多社员没有体会到社会主义集体生产的优越性。长期以来群众迫切要求对这种不适应生产力水平的生产关系进行调整，但得到的回应却是一次次的批判、斗争。

三是极左路线长期的干扰和破坏是经济上不去的原因。贵州的实践也证明越是穷的地方越容易"左"。

就在粉碎"四人帮"之后，贵州有的领导干部坚持"左"的一套不放松。1977年11月安徽省委颁布了"六条"，其他各省都先后行动起来，开始清理、落实党在农村的经济政策。1978年春天，贵州省却下发了一个农村经济政策"十八条"，即《关于目前农村经济若干问题的讨论提纲（草案）》，但其内容不是批"左"落实政策，而是要求全省农村大批资本主义，彻底解决"集体经济内部的资本主义倾向和所有制倒退问题"。不少省份已普遍实行的划分作业组、联系产量计酬，而在贵州还要求"绝不允许搞包产到组"。

贵州省某些干部"恐'右'"思想非常突出，三中全会《决定》规定，可以实行"包工到作业组，联系产量计算劳动报酬"的经营管理办法，可省委却怕产生"消极作用"，不敢积极贯彻。中央1979年4月发出的第31号文件中，明确指出"深山、偏僻地区的孤门独户，实行包产到户，也应当许可"，但贵州省委竟指示基层党委对中央的这份文件暂不传达贯彻。

这样一来，贵州省的一些领导与广大农民群众之间就形成了严重的对立。后来中央改组了贵州省委，新任省委书记池必卿说，贵州这一年来农村局面是一场"拔河比赛，一边是千军万马的农民，另一边是一些干部"。

贵州的情况虽然有些特殊，但表现出来的问题在不少地方都有。

5. "莫把开头当过头"

1979年3—4月，中央在政治上批评纠正某些违反四项基本原则的倾向，有人便乘势刮起了一股否定党的十一届三中全会批"左"的歪风，说什么，在农村批判极左路线、贯彻三中全会精神和落实农村经济政策，是"右"了、"偏"了、"过头了"，把农村搞乱了。

"过头"论不符合实际，"逆风千里"的认识更是逆社会发展潮流的错误，很快受到社会舆论的批评。中共辽宁省委第一书记任仲夷尖锐地指出："我们必须注意，不要把'开头'当'过头'。解放思想不是已经够了，而是许多同志思想僵化、半僵化的问题并未完全解决。"1979年5月，《辽宁日报》发表一篇落实农村生产队自主权政策的记者述评。述评引用了任仲夷的话作为标题：莫把"开头"当"过头"。

新华社1979年5月25日转发了《辽宁日报》的这篇述评。与此同时，广东《南方日报》发表题为《正确分析农村形势》的评论员文章。文章强调指出，坚持四项基本原则同落实党的十一届三中全会方针政策、发展大好形势是完全一致的。现在不是落实政策过了头，而是落实得还不够，不是什么要纠偏，而是要坚定不移地落实党的各项政策。新华社也及时转发了这篇评论员文章。

新华社向全国转发了《辽宁日报》及《南方日报》的报道，对"过头论"的批判声音响遍全国，对人们正确认识三中全会后的农村形势，对继续贯彻三中全会精神，起到了积极的推动作用。

四 改革进入关键时期：农业经营体制的变革
——家庭承包责任制从兴起、发展到全面确立

1977年秋冬，安徽开始落实党在农村的经济政策，标志着农村改革的大潮兴起。而中共十一届三中全会的召开，标志着农村改革进入全面推进的新阶段，农业经营体制改革开始展开。从农村改革的这一根本任务来说，这之前的屡次斗争只是扫清外围的战斗。家庭承包责任制的兴起，才标志着对人民公社集体经济体制的正面冲击，农村改革进入了关键时期。这个进程从1979年开始，到1982年基本完成。

家庭承包责任制从兴起到最终完成有一个发展过程。最初的一步是联产承包到作业组。这种办法最早出现在安徽滁县地区，先是

从小面积的经济作物种植联产承包到作业组，再到粮食等大田作物全面实行。第二步是从"包产到组"到"包产到户"，这是极为重要的一步，经历了更为尖锐、激烈的斗争。第三步是从"包产到户"再到"包干到户"。"包干到户"又称"大包干"到户，它的全面实行使人民公社解体，农村经营体制的改革取得成功。

农民家庭承包责任制兴起、发展的"三部曲"，是农村改革进程中最为关键的时期，对新闻工作者来说，这是一段大有作为的岁月，同时也是面临诸多特殊困难的时期。

1."联产承包到组"责任制的出现

联产承包到组，即通常所说的包产到组，是农村集体经济体制走向家庭承包责任制的最初一步。

最早迈出这一步的是安徽滁县地区。中共安徽省委的"省委六条"下达后，对农村经济和农村改革的发展都产生了巨大影响，其重要的一条是要求加强经营管理，建立各种形式的责任制。不少地方开始划小核算单位，先是把生产队划小，再在生产队之下划分小组。在这种情况下，农业生产各种形式的承包责任制开始萌发，从包到队到包到组，从单项农作物的包产，到全面包产，从不联产到联系产量。不少生产队包产到组，责任制便出现了。

1977年春，中共滁县地委在全区推行"一组四定"责任制，起到一定的积极作用，但由于不联系产量计算报酬，社员并不满意。他们说由队变组，这是"大呼隆"变成了"小呼隆"，"大锅饭"变成了"二锅饭"。不联产计酬，干好干坏没个标准，算什么"责任制"！

1978年末，我采访中共滁县地委书记王郁昭时，他对我说，那年9月地委召开四级干部会，总结贯彻"省委六条"的情况，以进一步搞好农村经营管理；同时动员全区干部群众起来战胜罕见的大旱，绝没有想到会上出现了意外的情况。

在"真理标准"的大讨论推动下，滁县地区各级干部的思想解放了，这次会开得生动活泼。会议开始不久，有些公社党委书记就离开会议预定的议题，对地委领导"叫板"，他们说："每次会都是你们讲，我们在下边听，可下面有许多情况你们并不了解，我们基层的人也有自己的想法，能不能让我们也在会上讲讲？"

地委讨论后决定，让大家敞开来说。于是来安县的烟陈公社党委书记自告奋勇上台讲起来，他介绍了这个公社杨渡大队魏郢生产队"包产到组，以产计工"的做法。原来这个生产队从1977年春天起就偷偷实行了实质上是包产到组的生产责任制。接着，天长县新街公社也介绍了棉花联产到人的生产责任制，来安县广大公社则介绍了实行社队干部岗位责任制的做法。

原来他们的这些做法已经悄悄实行了一年，不敢公开，称为"秘密武器"。现在一公布出来，会上当时像炸了锅，四级干部大受震动。有人害怕"包产"二字入耳心惊，听得目瞪口呆，可更多的县、社干部却兴奋起来，说这种干法好，只要允许这么干，保证能把生产搞上去！

这是怎样的秘密武器呢？

来安县烟陈公社杨渡大队魏郢生产队实行"分组作业、定产到组、以产计工、统一分配"，就是联产计酬承包到作业组的办法，有效地调动了群众的生产积极性。1978年在百年未遇的严重干旱的条件下，粮食产量由上年的 8.4 万多斤，增加到 12 万多斤，油料总产量达到 8400 多斤，全队每人平均收入比 1977 年增长 30%。联产承包到组使魏郢灾年创高产，一年大变样。

天长县新街公社对棉花生产实行责任到人（联产计酬，责任到人，实际上是到户）的产量责任制，有力地调动起社员的积极性。1978 年，在罕见的严重干旱情况下，全公社皮棉由 1977 年的亩产 29 斤，增加到亩产 60 斤以上，增产两倍多。

这两个典型案例证明，实行联系产量责任制，是调动社员生产积极性的有力措施。但是，由于这种做法实际是包产到劳力（也就是包产到户），一直怕被说成是"单干"，是方向道路问题。

那么，联产责任制是不是单干？地委四级干部中绝大多数人都认为，这不是单干，而是在生产队的统一领导下的社员分工责任制，是搞好集体经济经营管理的一种好措施。魏郢和新街的经验在滁县地区四级干部会上引起强烈反响，一些公社书记激动地说："这么干才真正改掉了'大呼隆''大锅饭'，给农业找到对症的良药了！"有些公社书记说："过去 20 年，如果是我这一个公社搞不上去，怨我没能耐，是笨蛋！可是全国、全省、全地区那么多公社都没搞上去，能说所有的基层干部都是笨蛋吗？今天算是看透了，不是基层干部笨，不是社员懒，根本原因是农业体制有问题。'大呼隆''大锅饭'消磨掉了社员的生产积极性。众人不干，干部是条龙，也没法把生产搞上去。"不少社队干部当场向地委领导提出要求："只要准许联产承包，我们保证把生产搞上去！干好了不求表扬；干不好，自动下台，甘受处分！"

中共滁县地委领导也大为震动。这些来自实践的经验使他们认识到，要真正调动农民的积极性，必须实行联产计酬。但是，在当时，"包产到组"是犯忌的，更不要说"责任到人"了。王郁昭对我说，从他内心来讲，应当支持这些做法。但在当时，地委没这个权，必须有省委支持。他急忙赶到合肥去请示万里。

1978年秋季的一天，万里和王郁昭这两位农村改革的积极分子走到一起了。王郁昭除了向万里汇报刚开完的地区四级干部会的情况和几项联产责任制的情况，还敞开思想，把自己多年来对农村农业问题的一些想法，全盘向自己的顶头上司讲了出来，从晚上7点一直讲到10点多。王郁昭对万里说，滁县地区生产长期上不去，根本原因就在体制，"大呼隆"劳动、没有责任制、在分配中搞平均主义"大锅饭"。他认为，事实证明包到组、产到户不是分田单干，而是一种联产计酬责任制形式，是治穷的"灵丹妙药"。

王郁昭如实地汇报了滁县地区农村的实际问题，毫无保留地讲了自己的看法。同时也有些忐忑不安，觉得弄不好今天可能要挨一通批评。

可是，万里听了他的汇报之后，非但没有批评他，反而当场表示支持他。万里说，既然群众都愿意，就应当允许他们去实践。实践是检验真理的唯一标准嘛。万里要王郁昭把来安县、天长县的联产计酬的典型材料尽快报到省委来。

中共滁县地委马上组织人力对新街、魏郢等地做了全面调查，搞了两份典型材料上报省委的同时，把这几份材料下发各县，要求每个县选一个公社或大队进行联产承包试点。文件下发后，许多社队都要求当试点单位，没有被确定试点的，就悄悄地自发干起来，结果是联产承包到组责任制"不推自广"，到1978年底，滁县地区实行联产承包到组责任制的生产队达到68%。联产计酬深受人民群众欢迎，农民说："只有联产才是责任制，联产如联心，联谁谁操心，打断骨头连着筋。"

"联产承包到组"的实行，实现了从不联产向联产的转变，更为后来的"包产到户""包干到户"在滁县地区的兴起开辟了道路。它的影响很快越出滁县地区，先在安徽、后在全国农村推广开来。1979年春天全国已有200万个农村核算单位、3亿农民实行了包产到组。

2. 由分组承包到"包产到户"的转变

"张浩来信"风波平息之后，不少地方的农民从惊慌中走出来，重新实行"联产到组"的时候，走在改革前列的安徽滁县地区的农民，已经开始把眼光瞄上了"包产到户"，有些地方开始悄悄实行起来。

说起"包产到户"，许多人都会马上想到凤阳县的小岗村。其实，小岗村18位农民寒夜盟誓偷偷搞起来的是"大包干到户"，又称"包干到户"，并不是大家常说的"包产到户"。"包干到户"是在"包产到户"的基础上发展形成的。在这次农村改革中，"包产到户"最早出现在安徽省肥西县山南区。

1977年11月，中共安徽省委颁布了"省委六条"决定，在全省大张旗鼓地落实党在农村的经济政策。1978年夏秋间遇到罕见的大旱，到了冬小麦播种时节，仍然无雨，眼看小麦无法播种。面对严峻形势，省委决定进一步放宽政策，"借地"给农民种麦：凡是集体无法耕种的土地，借给社员种麦种菜。同时鼓励社员开荒，谁开出地谁种谁收，国家不计统购粮，不分配统购任务。这进一步给农民"松了绑"。结果，"借地"在肥西县山南区成了实行"包产到户"的一个直接诱因。

1978年9月1日夜，肥西县山南区在柿树公社黄花大队召开全大队党员大会，讨论省委"借地种麦"指示。会上有人悄悄地说，有一个办法可以度过荒年。参加会议的区委书记汤茂林问是什么办法。那人说，就照1961年那么干。包产到户？区委书记汤茂林是个敢作敢为的人，有"汤大胆"的雅号。但开始他一听"1961年的办法"，心里还是不禁一阵发紧。眼下确实也再没别的办法，他当场就决定让这个大队"试试看"：每个劳动力包5亩麦子，5分油菜地；小麦亩产包200斤，增产了每亩奖励60斤粮食；减产如数赔偿。9月18日，汤茂林在黄花大队召集附近3个公社的党委书记现场会。于是，整个山南区搞起"包产到户"。

9月20日，万里就收到一封匿名信，痛斥汤茂林"分田单干"。万里是一个坚持从实际出发的人，他要求省委的干部不要急于表态，先让群众干起来，视发展情况再议。1979年初，省农委抽调了12位干部，由省农委副主任周曰礼带队组成省委工作队，到肥西县山南公社，向干部群众宣讲中央十一届三中全会文件，同时实地做"包产到户"的情况调查。干部、群众讨论中央决议时，普遍要求实行包产到户，不仅农民群众拥护，党员、干部也拥护；不仅劳力强的拥护，劳力弱的，甚至连"五保户"都拥护。大家说这次是大好机会，当着省市县领导的面，坚决要求包产到户。说如果这一炮打不响，以后就更难了。

周曰礼于2月4日晚赶回合肥向万里汇报。2月6日，万里召开省委常委会议，讨论山南区的包产到户问题。会上，万里也坦诚地谈了自己的看法："包产到户问题，过去批了十几年，许多干部被批怕了，一讲到包产到户，就心有余悸，谈'包'色变。但是，过去批判的东西，有的可能批对了，有的也可能本来是正确的东西，却被当作错误的东西来批判了。必须在实践中加以检验。我主张应当让山南公社进行包产到户的试验。不宣传、不登报、不推广，秋后再说。"会上决定，将肥西县山南区山南公社作为省委"包产到户"的试点。

肥西县山南公社进行"包产到户"试点时，我们是坚决支持的，但不能进行公开报道。我们便用"内参"来报道。除了本社记者的调查报道，我们还编发过《安徽日报》记者汪言海和省委调查组写的山南区"包产到户"试点的一份总结报告。

山南区的试点结果成了安徽农村实行"包产到户"的一个源头。

农民选择责任制形式是从实用有效出发的。1978年秋冬，滁县地区农村68%的生产队实行了联产承包到组、包干到组责任制。北部凤阳、嘉山、定远三县更为普遍。但是，实践中也逐步暴露出它的局限性。例如，它克服了生产队"大呼隆"，却又出现作业组的"小呼隆"；砸烂了生产队的"大锅饭"，却又出现了作业组的"二锅饭"。作业组虽然规模小了，可仍然是个集体。社员个人责权利仍然不明确，劳动积极性还是不能充分发挥。所以，联产承包组干了一年甚至只干了一季，许多农民便不满意了，他们就自己"松绑"，实行了"包产到户"。

据滁县地委提供的数字，1979年经地委、各县委正式批准搞"包产到户"的生产队只有87个，而"偷着"自发搞的却至少有500

个。凤阳等地农民的行动又成了滁县地区"包产到户"的另一个源头。

1979年秋到1980年春,滁县地区各种责任制形式竞相发展,经过反复实践和对比,群众把不同的联产责任制形式的优劣概括为"队不如组,组不如户",出现了"包产到组稳不住,包产到户堵不住"的势头。据不完全统计,1979年8月底,全地区只有87个生产队实行包产(包干)到户,同年年底发展到2179个,到1980年4月已达11549个,占全区生产队总数的48.4%。

1980年,正是安徽省,也是全国农村经济体制改革的一个关键年份。在这样的形势面前,我们的新闻报道遇到了一个很大的难题。

农民欢迎,但国家农业主管部门坚决反对,不用说承包到户,即使承包到组也不准许。1979年春天就发生了一起由国家农委主要领导策划的"张浩来信"风波。《农民日报》农村组组长李克林称,这几乎中断了包产到户,可见影响之大。这场风波给农村、农民,也给我们的报道造成了巨大冲击,但它未能阻止农民联产计酬承包的行动。新闻界也千方百计为它们的发展鼓与呼。早在1978年秋天,滁县地区第一批联产承包到组到人的典型出现后,我们就设法积极进行报道。总社在安徽的记者张广友把新街大队棉花包产、魏郢大队承包到组的经验写成两篇稿件。这两篇稿件当时只能在内参上先发,但由于这两条经验主题过于超前,连新华社内参的有关编辑都不敢发。张广友找我来商讨办法。我们商量一番,决定把稿子送给穆青,争取由他签发。穆青看了稿子,把我叫去,了解有关这几篇稿子的背景。我说,这是农民最欢迎、增产效果最明显的办法,先在内参上发,不会有太大的问题。他也觉得这几份材料很有说服力，可以在内参上发。于是，他签发了那一组稿件。1978年10月10日，新华社内部刊物出了一期"专刊"，张广友的评论打头，滁县地区的几个包产到组、到户的材料作为附件，一并刊出。这是全国最早宣传"包产到户"的稿件，只是没有用"包产到户"的名义，而说成"联产计酬，责任到人"，但明眼人一看便知这是怎么一回事。

《人民日报》农村部李克林等非常看重这组报道，来与我们商量怎样把内参改为公开报道发表。李克林说，"联产计酬，责任到人"的说法是个了不起的创造！反正没说"包产到户"，谁也没法反对！延迟了5个月后，1979年3月7日，《人民日报》刊出《农业劳动计酬必须紧密联系产量》一文，并加了一篇"编者按"，在工作研究专栏里发出。这是《人民日报》第一次公开宣传"联产计酬，责任到人"，实则为"包产到户"。

之后的一两年内，我们还选取了西北、西南某些边远山区农民"包产到户"很快改变穷苦命运，"一年吃饱饭、两年盖新房、光棍娶老婆"的典型事例进行报道。

五　决战：体制变革的最终胜利
——农民家庭承包责任制取代人民公社集体化体制

就在滁县地区各县联产承包到组的责任制蓬勃发展之时，凤阳县农民又创造出一种新的形式——"大包干"，开始时是"大包干到组"，后来又发展成"包干到户"，成为日后全国农民首选的一种责任制形式。这一步发展极为重要，是农业生产经营体制变革中最关键的一步，显示出中国农民的大智慧。"包干到户"的出现，就是对人民公社集体化体制提出的挑战。"大包干"的发源地凤阳县已有多部著作介绍、评述它的形成发展过程，这里就不再赘述。

"包产到户"与后来出现的"包干到户"是不同的两种承包方式。从字面上看，只有一字之差，内涵却不同。"包产到户"在20世纪50年代中期，农业合作化过程中就已出现，它在保持集体所有、统一计划经营的前提下，对劳动组织、评工计酬等管理形式进行变革，否定平均主义的"死分活评"等复杂而又难以有效的评工方式。社员承包农业社（后来是人民公社的生产大队、生产队）的土地，实行联产计酬，多劳多得，从而较好地调动起社员的生产积极性。但它保留了集体组织的不少权力，农民还受到不少束缚。

而"包干到户"就根本不同了。这种办法农民称为"大包干"，即农民从集体承包一定数量的土地，一切生产、经营都由农民"包干"，劳动果实也全为承包者所有，只按承包合同和约定向国家缴粮纳税，向集体缴纳各项提留和管理费用。实行这种办法，劳动者在先有了经营、生产的自主权之后，又争到了产品支配权，用农民的话说就是"交够国家的，留够集体的，剩下的全是自己的"，计酬、分配等管理办法也简单明了，透明公开，农民容易掌握，因此深受农民欢迎。但实行这种办法，"集体"经济组织的权力大部分"丧失"。所以有人说，实行"大包干"制度是农民以和平的手段夺了集体经济组织的从生产经营权到产品分配的全部权力！实行"大包干"才最终导致人民公社集体经济体制的瓦解。

通过改革，全国农村99%的地方实行的是"包干到户"。也正是"包干到户"最终开创了今天农村改革的大好局面。

正是因为外部存在压力，所以才有了凤阳县小岗村18户农民实行"包干到户"，才有了"深夜聚集秘密订立协议"的传奇故事。正是因为小岗村故事的传奇色彩，才引起众多人的关注，但许多人只知那些传说，却不了解小岗村的真实情况。

小岗村最可靠的原始资料是当年新华社内参发的凤阳县委的一份调查报告。这份调查报告的作者正是小岗村出来、当时在凤阳县委研究室工作的吴庭美。1979年2月他写出了《一剂不可少的补药——凤阳县梨园公社小岗生产队"包干到户"的调查》。万里也看到了这份滁县地委转送上来的调查报告，并大加赞赏，他说："写得真好！我像看小说似的一口气看了两遍。"

1981年1月24日，万里来到小岗村，向乡亲们祝贺"包干第一年"的大丰收。他对乡亲们说："我支持你们，只要你们能增收，给国家做贡献，就不是开倒车。"有人问别的村能学这种干法吗？万里说谁学都行。从上面的叙述里我们可以清楚地看到，为推进家庭承包的发展，农民付出了多少心力！同时还可以清楚地看到在每一个发展节点上，从联产到组到户再到"大包干"，万里都是坚决支持农民的。在责任制发展过程中，他起到中流砥柱般的至关重要的作用。如果要选出一位对农村改革做出杰出贡献的代表人物，我以为非万里莫属。

1.农村改革到了关键时刻

在农村家庭联产承包责任制建立的过程中，1980年是一个关键年份。

1980年1月，安徽省委召开扩大会议。会上，滁县地委书记王郁昭向省委提出一个要求：正式承认"包产到户"（包括"包干到户"）是责任制的一种形式。他用了一句形象的比喻，说该给"包产到户"这个新生孩子报个"户口"了！

万里在会议总结时，也用幽默的口气说，孩子已生下来了，他妈妈挺高兴，你不给他报户口，行吗？万里接着说，"包产到户"不是分田单干，即使分田单干也不等于资本主义，没有什么可怕的。群众已经认可了，那就只能同意，批准！

万里的这番话意味着，"包产到户"在安徽省正式"报上了户口"。

1981年1月万里奉调回京，进入中央书记处分管农业，兼国家农委主任，一个更加艰巨的任务在等着他。在安徽他给包产到户报上了"户口"，但那只是一个地方"户口"，在全国不少地方，特别是在一些中央部门的领导中，对"包产到户"仍持否定态度，对农民的强烈呼声或充耳不闻，或继续批判、压制，还有些地方对已实行"包产到户"的地方派人下去"纠偏"。各级领导的卡、压与多数农民的强烈要求形成鲜明的反差。堵不住还要堵，不少地方领导与农民之间出现"顶牛"状态。整个社会舆论对"包产到户"的争论也极为激烈，各种指责上纲上线，"糟得很""好得很"两种声音响彻长城内外、大江南北。一部分人热心提倡，他们看到了"包产到户"给中国农业带来了希望；一部分人激烈反对，他们拍案而起，要保卫社会主义阵地，不能让"包产到户"毁了社会主义江山。

这时，对"包产到户"的声讨、批判声高涨，不是反对的力量突然间增大了，而是农民的改革行动抓住了要害。反对改革的人已经看到，他们坚持多年的集体经济，现在面临着切实的危机，他们再也坐不住，要"奋起保卫"了。

这时，新闻媒体有责任。我们认为应大力支持承包责任制。为此我们决定再召开一次全社农村记者座谈会。

1980年2月召开了农村改革过程中新华社第四次农村记者座谈会。座谈会上，大家高度评价了家庭承包生产责任制，认为这是当今农村改革最重要的成果。关于责任制的具体形式，中央《决定》提出的"可以按定额记工分，可以按时记工分加评议，也可以在生产队统一核算和分配的前提下，包工队作业组，联系产量计算劳动报酬，实行超产奖励"，而最受农民欢迎的第三种"也可以"，正是联系产量进行承包的责任制。座谈会明确提出了要加大力度多报道这个"也可以"。

会议提出，对争议最多的"包产到户"，我们应当有清醒的认识。虽然有些人反对，但不管是赞成还是反对，都承认"包产到户"可以收到明显的增产效果，在一些山区和穷困落后的地方，人们称它为治穷的"灵丹妙药"，在发展生产意义上可以收到"立竿见影"的成效。座谈会明确提出，对这种形式应当做些深入的调查研究，通过内参进行报道。

2. 新华社的两次大规模"包产到户"调查

在1979年到1980年"包产到户"不能公开宣传的那段特殊时期里，除了组织多篇"内参"典型报道外，我们农村组还在社部领导的支持下，组织了两次规模较大的"包产到户"调查。每次调查都写出调查报告，同时将调查内容通过各种形式进行"内参"报道。

第一次大调查是对西北黄土高原贫困地区的全面调查。其中，

"包产到户"情况是调查的一个重点。

黄土高原包括山西西北部、陕北、陇东和宁夏的西海固地区，是全国闻名的穷困地区，也是当年陕甘宁等老革命根据地。新华社非常重视对这一地区穷困问题的调研，1978年，老记者冯森龄等多人在陕北延安，山西太原、吕梁等地区调查，写出一批反映"文革"后当地农民外出乞讨等问题的内参稿件。作为延安时期的老新闻工作者，穆青等老一代新华人也非常挂念包括陕北在内的这块土地上的人民的命运。1979年春天我们发了一篇甘肃分社写的《王魁包山》的通讯，报道黄土高原的深山沟里一位农民包了荒山头，靠双手很快改变贫困命运的事迹。我以这样的几个典型事例向穆青汇报了"包产到户"在这些贫困地区显示出治穷的神奇作用，但在各级干部中阻力重重的情况，并向他建议组织小分队对黄土高原地区进行深入调查。当初的调查目的是想多发现几个"王魁包山"那种典型。同时动议搞这次调查的还有当时在山西分社的农村记者冯东书，他长期在山西工作，对黄土高原有所了解，他也向穆青提出过想对黄土高原其他地区进行调查的建议。

1980年初，穆青听取了各方面的意见，下决心让农村组组织力量对黄土高原地区进行全面调查，把原来的小计划扩大。农村组奉命从陕甘宁晋等分社抽调四位记者：陕西分社戴国强、甘肃分社胡国华、宁夏分社付上伦和山西分社冯东书。他们四人分两路出发，一路从西安北上，一路从太原经吕梁，在晋西北西渡黄河，两路记者在延安会合，再一起对黄土高原上的陕西延安、榆林，宁夏的西海固、甘肃的定西、平凉等地区的农村进行两个多月的实地调查。6月两路人马在西安会合，农村组主持在西安开了一个座谈会，汇总调查情况，进行工作总结。

此次调查出发前，总社农村组请来四位记者开了一个小会，明确调查地区、调查主要问题。穆青召见并鼓励他们说，这是一次具有重要意义的调查。这次调查全在穷困地区跑，你们要做好准备，多吃苦，吃大苦。我们选的是精兵强将，你们都是农村记者中的骨干。能吃苦是我们新华社农村记者的传统。相信你们一定能圆满完成任务，不负众望。

接着他指出，调查的重点是深入了解这块贫困地区的真实情况，并通过我们的报道反映出来。有的可能不适合公开报道，那就先写内参稿件，向中央反映真实情况。多年来"左"倾错误在这里造成严重破坏，给这里的人造成深重灾难。现在这里也在改革，搞联产责任制。但"包产到户"的做法，在全国各地争论激烈，有人为之大声叫好，有人视如洪水猛兽。在这些穷困地区，它的作用怎样？能否真正给这样的穷苦地方开拓出一条生路？记者们下去后，要深入了解情况，倾听基层干部、农民的要求。社里对记者们最主要的要求就是要真正沉下去，到最底层去，到农家窑洞里、炕头上、地头上去，直接和农民、基层干部对话。拿到第一手真实情况。切记不可蜻蜓点水，浮光掠影，更不能道听途说，人云亦云。

总之，调查一定要深入，写报道一定要讲真话，写实情，使调查符合实际情况，有正确的见解，经得起历史的考验。

四位记者在黄土高原上风尘仆仆，跋山涉水，走村串户，走遍四个省区39个县，采访了一大批社队，访问了1000多人次，一路上边走边采访边写，先后写出几十篇稿件，有的当时就发了内参。其中有一篇写宁夏西海固地区"包产到户"的内参稿，引起了中央领导的重视。中共中央总书记胡耀邦乘直升机赴六盘山考察时，文件包里就带着我们几位记者写的这篇内参稿件。下飞机后，胡耀邦问新华社那几位记者是否仍在当地。可惜，当时他们已经离开了六盘山地区，总书记没能当面听取几位记者的汇报。

这次调查，四位记者共整理出30余万字的调查材料，除了发内参稿件，还有一些材料，当时觉得内参也不好发。我感到这些来自第一线的真实材料非常宝贵，都是当时的实地调查材料，虽暂时不能发表，但绝不可散失了。便请几位记者留在总社，一篇篇写出来，我一篇篇做编辑工作，并签发到印刷厂排成清样印出来，最后装订成册。我看着这厚厚一本宝贵资料，心里想它们将来会有见天日的时候。值得庆幸的是，1998年，十一届三中全会20周年前夕，人民出版社一位编辑看到了这部稿子，认为它真实记录了中国农村改革时期黄土高原地区农村农业和农民的生存状态，是难得的历史性纪实，便在该社出版，书名为《告别饥饿——一部尘封十八年的书稿》。

第二次农村包产到户调查是在1980年4月。一天，穆青把我喊到他的办公室，对我说，现在是全国上下争说"包产到户"。中央有关领导也要了解有关情况，希望新华社能提供一份反映全国农村"包产到户"情况的材料。你们要尽快拿出一份材料来。

当时，我们手头上有不少典型材料，但要拿出一个能全面反映全国"包产到户"情况的材料，要做补充调查，且工作量不小。但我认为，这正是向中央反映广大农民的呼声、反映农村真实情况的一个难得的机会。我向穆青建议，要搞就搞得全面一些，深透一点，不能光整理现有材料，我们可以发动、组织全社上下的农村记者，搞一次集中调查。因为时间紧，不可能也不必全面铺开，可以选择几个有代表性的省、自治区做重点调查。请这些重点地区分社的农村记者，调集精兵强将突击一下，尽快把该地的综合情况和能说明问题的典型材料报上来，我们农村组负责综合整理，争取一个月内完成。

穆青同意我的安排，并与我一起商定安徽、四川、广东、内蒙古、甘肃、贵州、河南等省、自治区为重点调查地区，这几个分社的农村记者，集中力量担负调查任务，由农村组负责组织、协调及最后的分析、综合，写出一份调查材料。农村组立即通知以上几个分社，在规定的时间内，按要求报来材料。

研究完毕后，穆青嘱咐我，这件事既要按时又要保证质量地完成。下面的真实情况、群众的意愿，对上面的决策会有重要的参考作用。他了解我们都支持"包产到户"，但不能用个人感情代替客观事实，一定要反映各地的真实情况，反映农民群众的意愿。这才最有说服力。

新华社新闻报道组织系统指挥灵敏、运转迅速高效，一声令下，各分社几十位记者立即行动起来，总社有关人员将各分社送上来的材料进行汇总。各路人马均在规定时间内完成任务。4月下旬拿到材料，我夜以继日地整理，4月底拿出一篇万余字的"包产到户"情况综合材料。这是农村改革中，农村组组织的一项专项调查，对了解当时全国"包产到户"情况有一定的参考价值。

据我手头保存的底稿，这份材料的主要内容：为什么一些地区社员要包产到户？回答是：社员要求搞包产到户的地方，绝大多数是多年来的极左路线危害很深，生产落后，社员生活困难，集体经济优越性没有表现出来的地区。这些地区的干部、社员对集体生产丧失信心，要求改变现有的经营方式，"包产到户"简单易行，为多数社员接受。内蒙古的一些社员群众说，过去大集体是吃"大锅饭"，吃不饱；包产到组是"二锅饭"，味道不好；包产到户是"小锅炒"，真有味道。"包产到户"使农民全身的劲儿都使出来了。

"包产到户"解决了20年来集体经济管理中一直没能解决的一些问题。如计酬，这是关系到"按劳取酬"的原则能否实现，社员积极性能否发挥的大事。但集体生产搞了20多年，没找到一个可行的办法。不少生产队什么主意都使上了：评工记分，一评就吵，结果搞成了"人头分"，"干不干一个样""摸摸脑袋算一个"；定额管理，小段包工太复杂，干部能力不强的地方搞不了，有些社员"只要千分，不要千斤"，不顾农活质量，只关心工分，不关心产量；搞包产到组，搞不好由"大呼隆"变成"二呼隆"，社员仍然是出勤不出力。而实行包产到户，这一切问题都迎刃而解。实行这种办法管理简便，社员自觉干，干部也好当了。一些长期落后、领导力量十分薄弱、管理混乱、社员对集体丧失信心的生产队，搞了"包产到户"确实起到了"立竿见影""起死回生"的作用。群众说这是一剂治穷的"灵丹妙药"，是吃饱肚子的"救命办法"。

"包产到户"还对改善干群关系起到了重要作用。干部参加集体生产劳动问题，喊了多少年解决不了，而"一包"便解决了。凡包了的地方干部都自觉下地劳动。另外一些在集体里混工分吃粮不干活的人也要自食其力，积极劳动了。这都有效地调整、改善了人与人之间的关系。

社员们说，搞"包产到户"，真正体现按劳取酬，治住了那些不钻取巧、能说会道不干活、多年来吃大家血汗的"能人";纠正了"苦干的吃不饱,不干的吃得好"的不合理现象。分配上真正体现了"按劳取酬",公平合理,干活的人心里高兴。另外,包产后社员自己过日子主动了,农忙时起早贪黑拼命干,不忙时有空赶集,走亲戚看朋友,有时间搞家庭副业。不像过去一天到晚"狗扯牛皮糖",天天从早到晚把人拴在地上,干不出多少活,瞎磨工夫,搞"疲劳战术"。

我们还重点分析了几个有争议的问题。

第一,"包产到户"是不是"权宜之计"?有些同志认为"包产到户"的作用有限,是权宜之计,"一年增、二年平,三年便不行"。有人甚至说从长远观点看,只有坏作用,没有好作用。但是,更多的人认为,包产到户纠正了平均主义大锅饭,社员生产积极性得到发挥,一个顶几个人干,一天顶几天用,这个潜力绝不可低估。现在搞起来才一年时间,有什么根据说什么"二年平,三年就不行"呢?我们要相信群众的创造力。没有谁会比社员群众更关心生产发展。另外,包产到户种类繁多,要做具体分析,不能一概称为"权宜之计"。有些是为了渡过目前困难采取的临时措施,如"口粮田"等,但更多的是一种新的管理形式,不是权宜之计。

第二,包产到户是不是一种责任制形式?对这个问题,反对的声音更强烈一些。安徽许多同志认为,凡是坚持了土地、耕畜、农具、分配等方面的"统一"的包产到户都应该是一种生产责任制,其道理是和工厂工人实行岗位责任制一样的。而另外一些同志认为,包产到户虽不同于分田单干,但它绝不是一种责任制。认为它是介于集体经济和单干的个体经济之间的,而又靠近个体经济的一种经济形态。目前可以允许存在,但不能承认它是一种责任制,不能让它戴上社会主义的帽子。

目前对这些问题,从国家机关到省、地、县、社,乃至生产队、基层干部、社员群众,都有争论。

现在有这么多地方在实行包产到户,那么多的干部、社员在实践,而作为领导机关和宣传部门调查研究很不充分,很不深入,缺乏能够反映全面实际情况和说明问题本质的材料。有的人把实行包产到户的地方描绘得问题成堆,对它采取全面否定的态度,有的甚至硬给人家扣上"方向""道路"问题的大帽子。当地干部社员对此十分反感。他们说,我们十几年挨饿没人管,也没有人出来说什么错了;现在刚吃碗饱饭,你就叫什么"方向""道路"错了。有些农民说,也真奇怪,为啥"方向""道路"正确时我们挨饿,可一吃饱了,"方向""道路"就错了?有些群众说,"上面"有些人吃的是"方向",咱老百姓可得吃粮食。

我们认为,总的来说,在目前阶段(绝不只是两三年),实行包产到户,从农村农业的状况来看,客观有这个需要,社员有强烈要求,它的作用又是这样明显,前景也不可低估;不应当采取卡、压、堵的办法对待。有的地方从合作化、公社化后十几年来集体生产一直没有搞好,农民陷入长期的贫穷饥饿,群众迫切要求吃饱肚子,要改变现状。他们说:"只要政策上放宽些,要我们赶上江浙等先进地区难,但吃饱肚子,不拖国家后腿却有十成把握。"群众的这些话值得深思,他们的要求应当引起重视。

3. 一次扭转改革形势的重要会议

"包产到户""包干到户"从1979年到1980年上半年，一方面是广大农民强烈要求实行，而另一方面是不少地方领导干部反对、压制。再从中央领导层面上来看，华国锋等主要领导不支持，主管农业的王任重等反对。人们把期望都寄托在邓小平身上。

20世纪60年代初期，邓小平曾发出著名的"猫论"，明确表示支持"包产到户"。现在，面对纷繁的论争，人们都希望他能出来说话，支持包产到户。邓小平从1977年第三次"复出"之后，几年来却一直没有对"包产到户"明确表态。

华国锋主持召开一次中央工作会议。会上对"包产到户"又产生了争论。华国锋、李先念等表示"包产到户"不宜提倡，农业非集体化不可。邓小平出席了这次会议，也发了言，但只是说，农村问题很多，一大堆，应当抓住主要的解决。他还说，贫困地区总得放宽政策。但就是没有正面讲"包产到户"。

直到1980年春天，邓小平经过一段较长时间的观察、思考，开始打破在"包产到户"问题上的沉默。1980年4月，中央召开长期发展规划编制会议。邓小平说，在地广人稀、经济落后、生活贫困的地区，像西北、贵州、云南等省，有的地方可以实行包产到户之类的办法。这年的5月31日，邓小平在与中央工作人员谈话中，又一次讲到了农业的责任制，这就是选入《邓小平文选》第二卷的那篇题为《关于农村政策问题》的谈话。邓小平说："农村政策放宽后，一些适宜搞包产到户的地方搞了包产到户，效果很好，变化很快。安徽肥西县绝大多数生产队搞了包产到户，增产幅度很大。'凤阳花鼓'中唱的那个凤阳县，绝大多数生产队搞了'大包干'，也是一年翻身，改变面貌。"

邓小平的这几次谈话具有重要意义，支持了贫困地区可以实行"包产到户"，也成了中央领导将农村划为三种类型地区，在改革上实行分类指导，在贫困地区允许实行"包产到户"的一个重要依据。

1980年春天，万里出任国务院副总理兼国家农委主任，主管全国农村工作。这时的万里面对艰难的形势，更感到肩上担子的分量。1997年万里在与《百年潮》记者谈话时，感慨满怀地回忆这段往事："1980年初我到中央工作，进了书记处，分管农业，这个难题可大了。当时解放思想的口号很响亮，人们的思想也很活跃，平反冤假错案使人们感到中国有了希望。但是，计划经济体制下形成的思想观念还是很顽固的。从整个农村工作来看，农民要求改革，有些地区行动比较快，但是上层领导机关基本上还是推行'农业学大寨'的那一套，对农村改革，特别是包产到户，抵触情绪很大。"

为解决这一问题，万里去找胡耀邦，商定召开一次全国各省、市、自治区党委书记座谈会，专门研究这一问题。9月14—22日，座谈会在北京召开。

座谈会召开之前，国家农委召开了一次预备会议。会上多数人反对会议文件提出的"允许包产到户"的意见，国家农委不得不对这次省委书记座谈会准备的文件进行修改。

虽然文件只是允许边远和贫困落后地区可以实行包产到户，但这个口子一开，将出现预想不到的结果。文件下达后，在贯彻执行中，人们的理解往往各有侧重，尤其是贫困落后的界限谁也无法划清。在当时的中国农村，有谁能说自己的地方不贫困呢？除极少数地区，绝大多数地方都有理由说自己属于"贫困落后地区"，便理直气壮地搞起包产到户，亿万农民群众的手脚被放开了，开创了家庭承包责任制迅速发展的新局面。

75号文件下达前，照主管部门的设想，在全国农村"放开"20%～30%的生产队，让他们搞"包产到户"，贫困地区这一头便"稳"住了；对占总数20%左右的先进地区，"包产到户"吸引力不大，不会出什么问题；剩下的大部分"中间地带"，则要防止他们"滑向""包产到户"。要尽力"引导"他们实行"专业承包到劳动力或包产到组"。

但文件下达后，不仅贫穷地区迅速实行包产到户，而且50%～60%的"中间地带"也抵挡不住"包产到户""包干到户"的吸引力，出现了"雪崩"式的滑坡，纷纷倒向"包产到户"。

这种形势的出现，也是一种"示范效应"的结果。

75号文件也为新闻媒体打开"包产到户"报道的这个"禁区"。中央文件规定"贫困落后地区"可以搞"包产到户"，但这些地方都是"包产到户"最显神威的地方，凡实行"包产到户"的都收到了"立竿见影"的效果。前几年这里的农民得了利，只能自己"偷着乐"，报刊媒体也不敢宣扬。75号文件下达后，宣传上也开了"禁"，各地实行"包产到户"生剧变的"神话"，一时间充满了报刊版面和各家媒体的报道。

过去几年间，新闻报道的主战场在安徽、四川。75号文件发布后，"包产到户"报道的战场扩展到全国农村，特别是河南、山东等大片贫困地区实行"包产到户"的报道占了重要地位。当年全国有60个人均年分配在50元以下的极度贫困县，山东就占了26个，其中有19个在鲁西平原地区。1978年底,这些地方也出现了"包产到户",而且效果显著,但却不能报道。新华社山东分社在东明等县做了深入调查,写出了《包产到户是否就是分田单干》等内参稿件,后来又连续发出关于"包产到户"的多篇调查报告,引起了中央的重视,但却没有公开报道。75号文件发布后情况就大为改观了。1980年秋天,"包产到户"的作用更突出地表现出来,山东分社从这年冬天,陆续发出一批重点报道,报道了鲁西北平原的剧变。《刘开吉千里问富》在《人民日报》突出版面刊出,产生了广泛影响。

刘开吉是枣庄市刘滩大队党支部书记,1948年参军的老党员,是位战斗英雄。农村改革开始时,看到集体经济垮台他想不通,曾想申请退党,最后"撂了挑子"出走了。刘开吉离家后,先到河南后到皖北,亲眼看了那些先搞了"包产到户"的地方。一个多月的实地观察,使他看到"包产到户"的希望。腊月二十九回到了老家,就到公社党委去做检讨,说,这趟出门跑了一千多里路,开了眼界,了解了"包产到户"。从此,不再要求退党,而要继续干好党支书,领导全大队实行"大包干"。结果,一年粮食增产七成!他自己也得到了实惠,这一年他一家就卖了10000多斤粮食、1000多斤花生,余的粮食全家两年也吃不完。

刘开吉的经历帮助千千万万的基层干部开了眼界,解放了思想。《政策牵动故乡情》《多年愁容变笑颜》等,由新华社播发后,《人民日报》又配上《振奋的喜讯》的评论员文章刊出,在全国产生广泛影响。

原来在改革中走在前列的安徽及河南、甘肃等许多地方大量涌现一年剧变的奇迹,我们都公开报道出来。一时间,各种报刊上

"包产到户"的捷报频传。农民是最讲"眼见为实"的。"包产到户"如同一剂"灵丹妙药",使许多贫困地区当年翻身,甚至只包一季庄稼就吃上了饱饭。前几年只听到安徽凤阳、小岗如何如何,但毕竟离自己太远;现在这些事就在自己身边出现,无疑给农民树立了一个个现实的榜样!"红薯换蒸馍,光棍讨老婆"的顺口溜,使那些穷透了的庄稼人怦然心动。那些本来已经对生活绝望了的农家汉心里又腾起生的希望。他们不管别人怎么阻挡,毅然决然地选择了"包产到户"或"包干到户"。

从1980年秋冬到1981年,祖国南北各地都有大量令人兴奋的消息传出,令人应接不暇。通过许多报纸上的文章、电台上的广播,人们看到"包产到户"在那些老贫困地区大显神威,一年间便使这些穷窝变了样。我们在这一时期也放手播发各地实行"包产(包干)到户"后的巨大变化。特别注意组织一批农村记者分几路到鲁西北、豫东等老灾区去进行报道。我曾带领一批记者来到河南省的兰考县和山东省的东明县采访。一时间,实行"包产、包干到户"一年大变样的振奋人心的消息充满媒体版面,响彻中华大地。

包产到户、包干到户使这些地区社员多年来无法解决的温饱问题在一两年内解决了。农民喜气洋洋地说:"过去愁着没饭吃,现在只愁着粮食没处放。""20多年了,可熬到自己能当家了。"现在是"既有自由,又能使上劲儿"。一年到头过得舒心痛快,真是"戏没少看,集没少赶,亲戚没少串,活没少干,粮食没少产"。到处听到同样的呼声:希望能三年不变,"一年不变有饭吃,两年不变有钱花,三年不变小康家"。

这些活生生的事实不仅抓住了农民的心,使"包产到户"快速

"传染"；而且，使若干原本对"包产到户"持反对意见或心存疑虑的干部职工等"城里人"也转变了态度，转而热情地支持包产到户。过去，乡下穷亲戚进城来亲友们都害怕，现在他们扛着大米白面、带着花生、香油这些"稀罕物"进城"还债"来了，使多少城里人也亲身体会到"包产到户"的好处。

顿时整个社会舆论大变，"糟得很"的议论少了，"好得很"的赞扬声响彻神州大地。在这种情势下，农村改革的大潮如同大江大河吸纳了万千条支流河溪的源源活水，更加汹涌澎湃，浩浩荡荡，势不可当。

1980年75号文件下达后，从这年的秋冬开始，"包产（包干）到户"在"中间地区"迅速扩展。在一些地方，地方领导在75号文件刚刚下达时仍然想不通，先是抵制，"顶了牛"，后来实在抵挡不住群众的强烈愿望，就又放任不管，"放了羊"。"一顶一放"之间，"中间地带"纷纷"倒"向了"包产到户"。这时，全国只剩下一些原来生产水平较高的地区和某些机械化水平高的地区，仍然坚持"集体"，极力抵制"包产到户"的"入侵"。当然，这种抵御也只是短时间的，两年后全都放开了手脚。

4. 加大报道力度，推动家庭承包责任制发展

农村改革过程中矛盾斗争最为激烈的1980年在风风雨雨中过去，以"包产到户""包干到户"为主要形态的农民家庭承包责任制已经呈现出不可阻挡的发展态势。1981年春天来临时，农业经营体制改革的攻坚战已经实现"突破"，胜利的曙光已在眼前展现。

这又是一个重要时刻，全面推进家庭承包责任制的发展，成了

新华社农村宣传的最重要的任务。我国农村农业迎来一个历史性发展机遇。新闻工作正是大有可为的时候。这时，我们感到有必要再召开一次农村记者座谈会，再做一次深入的动员，组织我们的记者乘胜前进，我们的报道不仅促进生产责任制的发展，而且也要为我国农村经济社会的全面发展开辟空间。

新华社第五次农村记者座谈会于1981年3月上旬在北京召开，这又是一次大动员。出席会议的分社及总社的记者们畅谈了当前农村的大好形势，也对目前农村经济社会发展中的一些问题进行了讨论，进一步统一了思想。大家认为，我国农村改革、发展都面临难得的历史性机遇。今后农村报道一要继续贯彻三中全会的路线、方针和政策，深入批判极左，推动农村改革深入发展；二要乘胜前进，为逐步解决过去多年积存下来的诸多方面的问题创造条件，使我国农业从此走向持续、稳定、全面、健康发展的道路。

在各方面力量的推动下，1981年农民家庭承包责任制势如破竹，全面推进。据1981年10月有关部门的统计，当时全国人民公社基本核算单位（大队、生产队）为601万个，实行"包干到户""包产到户""联产到劳"三种责任制的已占60.9%，可以说农民家庭承包已占主导地位。尚未实行"包产到户""包干到户"的主要是两类地区：一是京、津、沪等大城市郊区，苏南、浙北、山东半岛、珠江三角洲等经济发达地区；二是黑龙江等机械化水平较高的地区。新疆生产建设兵团的农场及黑龙江等地的大型国有农场，也都学习农民的做法，职工们承包大农场的土地搞小型"家庭农场"，有力地促进了国有农场的改革，生产迅速发展，改变了面貌。我们及时派出记者与分社记者一起奔向新疆、黑龙江、长三角、珠三角等经济发达地区的农村进行调研,报道那里出现的新形势。

　　面对农村改革全面推进的形势,党中央审时度势,组织专家、学者、有关领导干部深入农村,特别是安徽等地农村进行深入调研,对群众创造出来的"包产到户""包干到户"等责任制进行总结、提高、完善,形成"有统有分,统分结合的双层经营体制",并命名为"农民家庭联产承包责任制",从此基本完成了农业经营体制的改革。1982年中央发布一号文件,正式肯定了"包产到户""包干到户"等形式的家庭承包责任制是社会主义农业的组成部分。所以,有人说,1982年的中央一号文件在全国为"包产到户"报上了"户口"。之后,连续五年,每年中央都发出一个一号文件,都以农村改革发展为主题,开启了中国农村改革史"连续五个中央一号文件"的一段佳话。

结　语

　　行文至此,这篇长文该画上句号了。但笔者还有几句并不算离题太远的话要说。有些学者在自己的著作或发言里,谈及农村改革只讲20世纪80年代初的"五个一号文件",有人甚至认为农村改革是从中央发布"五个一号文件"开始的,这完全不符合改革历史的实际。改革的历史告诉我们,20世纪80年代初的中央"五个一号文件"是多年的尖锐复杂的严重斗争取得的成果,而不是改革的全部内容。只讲"五个一号文件",忽略了广大农村基层干部及农民的创造性实践,使农村改革历史黯然失色,这样的叙述是残缺的,连半部改革史都称不上。

陈大斌先生的"忧乐农缘"

赵树凯

认识陈大斌先生是在 1982 年秋，我刚到中央书记处农村政策研究室工作，在中央农村工作会上。我负责会议签到发证，会前闲谈几句，知他是我的学长，早我 20 年从山东大学中文系毕业。最近几年，我常去拜会请教，内心既充满对改革志士的敬重，也蕴含着一种特别的亲切。

大斌先生说，他此生与"农"有不解之缘。他生长的淮北农村，是农村大跃进、公社化的重灾区，那场曾经饿殍遍野的大饥荒是他的亲历，罹难者中有他的亲人；那里还是 20 世纪 60 年代初安徽包产到户发祥地，成为后来农村改革的历史基础。这些刻骨铭心的生活经验，深刻地塑造了他的思想情感。进入新华社后，他曾经在山西昔阳县大寨村驻点一年，在河南辉县驻点两年，对农村政策得失，特别是极"左"政策之恶，有切身体察和深刻思考。从 1977 年到 1982 年，大斌先生是新华社国内部副主任兼农村组组长。这五年，正是农村改革从发端到突破的关键时期，他主持新华社的农村报道，身处不同政策主张的斗争漩涡。在媒体界，他属于农村改革参与者中的代表性人物，关于农村改革的叙事有特殊的角度和深度。退休后，他致力于农村改革研究与写作，著述颇丰。

农村改革正进入历史研究，迄今为止的改革史叙事，多出自当年中央主管部门。通常，叙述者会从国家农委、中央农村政策研究室说起，但这并非从头道来。国家农委成立于1979年春天，而农村改革在此前两年即艰难破土，首推安徽和四川。不仅如此，改革发生之初，国家农委、农林部等中央机关并非倡导、支持者，而是抵触、指责者。最早支持安徽、四川等地方改革的高层力量是新华社、人民日报。当然，这两个媒体的表现也不能一概而论。在这两个媒体内部，有的唯"奉命行事"，有的"自行其是"。那些有良知、有思想、有担当的媒体人，由喉舌变为大脑，由观潮人变为弄潮儿，倡导支持改革，成为重要的改革力量。对这些外界不甚知晓的情况，这篇文章做了比较系统而集中的展示，读者可以从这个新侧面领略农村改革的风雨历程。

大斌先生对农村改革的贡献，不在于他写了多少篇报道，而在于他对于当时农村报道的组织引导。他自己写的报道不是很多，但他在动员组织记者队伍、策划报道等方面做了大量工作。前不久，我翻看原新华社记者张广友的工作笔记，看到了1978年8月陈大斌主持召开新华社农村记者工作会议的讲话记录："社会主义搞了28年，还有这么多农民处于饥饿状态，社会主义优越性在农村没有表现出来！光是讲社会主义教育是不行的，必须和物质利益结合起来，没有多劳多得、增产增收是不行的！""革命是为大多数人谋福利的，生产上不去，粮食上不去，是不行的，直接涉及社会主义制度能否巩固的大问题！这些问题，我们要研究，要关心，绝不能无动于衷；

我们要到社会现实中去，大声疾呼，改变这种状况！"这些讲话成为新华社内部农村报道的改革号角。

1981年3月，国务院副总理万里连续主持农业部党组扩大会和国家农委党组扩大会，严厉批评农口机关"思想僵化"，要求农口干部下乡调查，以端正思想作风，与此同时，万里赞扬了人民日报和新华社。

在现有改革史研究中，对媒体作用缺乏应有的专门关注，媒体作为独立力量在改革中的作用被严重忽略。通常，媒体被当作喉舌、工具来看待，但改革年代情况殊异。大致而言，从1977年夏十届三中全会开始，高层对农村发展存在着相互冲突的政策主张，这种冲突外人难以知晓，但中央媒体却置身其中，洞若观火，因为不同主张的电话、讲话、批示等信息都汇集于此。客观上，这种情况给媒体提供了选择性和自主性，或者说媒体人由此获得政策导向的自由空间。这种自由空间本质上是一种政治空间，使媒体一定程度上得以自主表达政策主张。在这种情况下，媒体报道不再是单纯的政策传声筒，而是相对独立的政治表达，在"宣传"中展示出政治主体性，成为强有力的改革推手。这是80年代农村改革的重要特点，也是80年代中国政治的重要特点。这是改革史研究应该特别重视的视角。

当年支持农村改革的媒体人物，人民日报社有胡绩伟、李克林，新华社有穆青、陈大斌等，还有若干在采编一线的记者编辑。当时，新华社与人民日报在地方上的机构是一套人马、两块牌子，人民日报的地方报道依托新华社各地分社。新华社从总社到分社，从事农村报道的记者近 300 人，由国内部农村组协调统领。陈大斌作为农村组组长，直接负责组织新华社农村报道，同时作为国内部副主任，有农村报道稿件的签发权。农村方面那些响彻全国、被中央地方报纸广泛刊登的新华社电讯稿，许多都是由陈大斌组织采写并签发的。对下可以协调领导各地农村记者，对上可以直接签发稿件，这就是陈大斌在全国农村报道系统的中枢位置。在那个年代，没有互联网，没有自媒体，也没有市场化媒体，中央媒体社会影响力之巨大，非今天所能想象。

2003 年 10 月，新华社原社长穆青去世，从全国人大委员长位置退休后很少参加公开活动、已经 87 岁的万里，不顾家人和工作人员劝阻，坚持亲自前往吊唁。他说，在农村改革困难时期，穆青和新华社支持了他，穆青去世了，他一定要去表达敬意。新华社对安徽改革的支持，不仅有系列的肯定性报道，而且包括根据万里要求调整安徽分社人员。

大斌先生主持新华社农村报道五年，这里选取第一年，即 1977 年下半年到 1978 年上半年新华社农村组的几件事，展示其在改革最初关头的见识与担当。

"调整报道方向，与农业学大寨运动拉开距离。"1977 年 11 月，高层专门召开会议，部署了普及大寨县进度要求，"农业学大寨"运动达到高峰。陈大斌参加了这次会议，及时向新华社领导穆青汇报，提出农村报道不能继续宣传"农业学大寨"，应当从实际出发，宣传落实农村经济政策，"宣传报道必须与'农业学大寨'运动拉开距离"。新华社领导当即决定，对"农业学大寨"运动的宣传要降温。

陈大斌受命主持召开新华社全国农村记者会议。会议没有按传统做法传达中央精神，让分社根据总社要求报题目，而是组织记者围绕农村严峻形势，集中揭露极"左"政策造成的严重"外伤"及"内伤"，深入讨论报道方针重大调整。从此之后，新华社农村报道基调大变，学大寨宣传被冷落，政策新突破成为重点主题，安徽、四川等地经验受到特别重视。这种变化显著影响了全国新闻界和社会舆论。晚年万里在总结领导安徽农村改革历程时反复强调，农村改革是从停止"农业学大寨"开始的。

"对宣传'过渡'的稿子一概不发"。当时，农村政策的最敏感问题是，基本核算单位是否从生产队"过渡"到生产大队。1975年8月，副总理陈永贵向毛泽东建议："农业要大干快上，缩小队与队之间的差别，实行大队核算，势在必行。"9月，高层根据毛泽东指示专门讨论，副总理纪登奎、华国锋和部分省委书记认为条件不成熟。邓小平在会上指出："指导思想要有意识地向这个方向引导，向这个方向前进，这是很重要的一条，以后还要逐步过渡到公社所有制，真正实现一大二公。"1977年12月，中央批转普及大寨县座谈会纪要："实现基本核算单位由生产队向大队过渡，进一步发挥人民公社一大二公的优越性，是前进方向，是大势所趋。""今冬明春可以再选择一部分条件已经成熟的大队，例如10%左右，先行过渡。"虽然高层有此要求，但各地并未积极响应，安徽、四川等地不仅不把生产队向大队过渡，而且还把核算单位搞小，搞起了包产到组、包产到户。陈大斌深知，基本核算单位"过渡"严重伤害农民积极性，破坏农村经济，包产到户才是正确的政策选择。他在记者会上说："这几年一说革命，就搞小队过渡到大队，就取缔农民家庭副业、关闭集市、没收自留地。1958年如果把自留地留下，也不至于饿死那么多人！"面对高层领导要求，陈大斌在报道上的应对办法是：对"宣传过渡的稿子一概不发"。

宣传"尊重生产队自主权"。既然基本核算单位要从生产队向大队过渡，政策上就不可能尊重生产队。当时安徽、四川等地的做法则相反，强调尊重生产队的自主权，调动农民的积极性。最早的典型经验产生在安徽滁县地区定远县，新华社、人民日报两位记者共同完成了报道《生产队有了自主权，农业必增产》。1978年2月15日新华社播发，2月16日人民日报在头版地位刊出，并配发了评论员文章热情赞扬，引发从中央到地方报刊报道连续不断。某位副总理看了很不高兴，打电话给人民日报和新华社，批评说："农民这些年是靠我们推着拉着才走上社会主义道路的。叫他自主，他会自主到哪里去？"面对来自农业主管方面的批评，陈大斌不为所动。

宣传"定额计酬"。在分配方面，大寨经验的核心是搞政治挂帅，推行"大寨工分"，集中表现为反对劳动定额计酬，更反对联系产量计酬。新华社、人民日报报道则重点宣传报道安徽、四川等地的联产计酬责任制，宣传放宽政策，允许农民养鸡养猪，搞家庭副业。某位副总理要求，宣传定额不要和计酬联系，指责发展家庭副业，说"靠老太太养鸡养猪搞社会主义是好行小惠、言不及义"。国家农林部有关负责人批评新华社的报道否定大好形势，甚至是砍大寨红旗，当面告诫陈大斌"你们要适可而止"。针对这些来自上层的不满和批评，陈大斌在农村记者会上说："给8亿农民谋福利，怎么成了小惠？为农民谋福利是对的，是应该的，如果离开8亿农民，讲什么都是言不及义！四川超产部分三七开奖励，是政治思想工作和物质刺激相结合，把农民自己就调动起来有什么不好？农民一年挣了80元钱就是资本主义，还要批判，这个问题要很好地研究。"他组织记者围绕现实问题展开讨论，坚定站在农民立场，力挺地方上的政策突破。

大斌先生年届85岁，仍笔耕不辍，前些年新完成一部回忆录，书名为"忧乐农缘"。他说，这可能是他最后一本专著。这本书既是生动的个人自述，也是独具特色的改革史专著，不仅有生动而厚重的改革叙事，也有深刻犀利的政策反思，洋溢着为农民立命的拳拳之心。这本书开篇引用了《诗经》中的诗句"知我者谓我心忧，不知我者谓我何求"，深深打动了我。读大斌先生的著述，既探究改革，也领悟处世。大斌先生作为媒体业者，在农村改革风雨中的作为担当令人深思：知识人在社会变局中怎样心系民生、以文济世。

2022年3月于北京

我在中央农村工作机关50年

赵 明[*]

---

[*] 赵明，1928年生，黑龙江克县人，1947年参加工作，任克山县政府办公室秘书、县委办公室主任，1953年任中共中央东北局农村工作部互助合作处干事。1954起先后任中央农村工作部合作处干事、国务院农林办公室公社组科长、农林部人民公社局处长、农业部人民公社局副局长、经营管理总站站长。1988年离休，1989年至2005年担任《当代中国的农业合作制》编辑部主任。

我今年94岁。1947年，我在黑龙江老家参加土改工作，在县委、省委和东北局从事农村工作七年后，1954年秋调到中央农村工作部，随着机构变动先后在国务院农林办、国家农林部、农牧渔业部和农业部工作。到2005年，离开《当代中国农业合作化卷》编辑部主任工作岗位，我在中央农村工作机关工作了50余年。

一 克山县政府、县委工作期间

（一）在克山县政府工作期间（1947年冬至1949年8月）

1947年冬，我高中二年结业，被分配到黑龙江省克山县政府工作。县长尹之家接待了我，开始分配我在秘书室工作，不久又叫我接管教育科工作。

当时教育科仍由伪满政府中留用人员掌管。我来后，尹之家把工作、账目都交给了我，他又被分配做别的工作。教育科管全县所有的小学和高小。那时发工资、检查教学和上省里开业务会都只有我一人承担。首先是让我按月到财政科领县城学校教师的工资，那时物价飞涨，因此领来工资必须立即组织学校人员买五福布分到各校，各校再将布换成钱，发给每位教员。教员立即买米、面、布等日用品。为了解决教育经费不足的问题，我们还办了一个兴学制粉厂。那时，生怕账错了，经常加班算账，个别时少了钱找不出来，就用自己的薪水补上。检查各校的教学工作，到县城里还好办，到各区、村就困难了。我努力工作硬着头皮把教育科工作挑起来了，从未向领导诉过苦，因此领导对我工作还是满意的。

1949年2月20日，经县政府秘书张明和财务科副科长赵喜文两位同志介绍，我加入了中国共产党，1949年8月20日按期转正。在县政府工作期间经常得到县长直接指点，他不厌其烦地修改我写的材料，教我如何写东西。尹县长上调后，金浪白接任县长。他批评我不敢讲话，我们也不欠谁的，不要前怕狼后怕虎，要敢想敢说。他派我们到农村去调研，要我们丢掉学生腔，密切联系群众，学会和群众讲话。这对我的影响和帮助很大，我那种不愿意出头、不愿意讲话的性格也发生了改变。

1949年春天，在黑龙江省克山县政府工作的时候，我在报上看到了党的七届二中全会公报，接着党内传达了这次会议精神，并传阅了毛主席在这次会议上的工作报告。让我印象最深的是新民主主义全面胜利即将到来。在打倒蒋介石解放全中国和在全国完成土地改革以后，意味着反帝、反封建、反官僚资本主义的新民主主义革命的胜利，解决了中国广大人民群众与帝国主义、封建主义和官僚资本主义这个国内主要矛盾。以后的任务是逐步实现由落后的农业国变成先进的工业园，由新民主主义社会向社会主义社会过渡，逐步解决过渡时期国内的主要矛盾，即工人阶级和资产阶级之间、社会主义道路和资本主义道路之间的矛盾。

毛主席在这次会上的工作报告，从理论、发展方向和指导方针政策上论述中国农村经济。他说："中国还有大约百分之九十的分散的个体的农业经济和手工业经济，这是落后的，这和古代没有多大差别的。……古代有封建的土地所有制，现在被我们废除了，或者将被废除，在这点上，我们已经或即将区别于古代，取得了或者即将使我们的农业和手工业逐步向着现代化发展的可能性。但是，在今天，在今后一个相当长的时期内，我们的农业和手工业，就其基本形态说来，还是和还将是分散的和个体的，即是说，同古代近似的。"在论述现状后，他进一步指出：对这种农业经济和手工业经济，"是可能和必须谨慎地、逐步地而又积极地引导它们向着现代化和集体化的方向发展的，任其自流的观点是错误的。必须组织生产的、消费的和信用的合作社，和中央、省、市、县、区的合作社领导机关。这种合作社是以私有制为基础的在无产阶级领导的国家政权管理之下的劳动人民群众的集体经济组织。中国人民的文化落后和没有合作社传统，可能使得我们遇到困难；但是可以组织，必须组织，必须推广和发展。单有国营经济而没有合作社经济，我们就不可能领导劳动人民的个体经济逐步地走向集体化，就不可能由新民主主义社会发展到将来的社会主义社会，就不可能巩固无产阶级在国家政权中的领导权"。

从此，党的七届二中全会这些思想，就在我的脑子里扎了根。我记得邓子恢同志1953年春在全国第一次农村工作会议上的总结报告中更具体地指出，解决农业生产和农民生活的困难有两条道路：一条是"让少数人发财致富，多数人破产贫困"的旧道路，另一条是领导农民走组织起来大家富裕的新道路。他明确指出"毫无疑义，我们党要领导农民走这条新道路"。邓老这些观点与七届二中全会精神是一脉相承的。根据中央的这些精神和我的切身体会，使我更进一步地相信党只有领导农民走组织起来逐步实现共同富裕的道路，才能逐步实现社会主义农业现代化，确实是"只有社会主义，才能救中国"。

（二）在中共克山县委工作期间（1949年8月至1953年秋）

1949年8月，我又被调到县委宣传部任宣传干事。当时的宣传部长，是我的中学校长乔晓波，宣传干事还有马玉林、刘晓光等同志，后来又调来了副部长孙岸石和干事刘民声、赵克等。当时的分工是让我管全县群众的宣传教育工作，包括开展农村文化活动。我把全县农村建立业余剧团的情况搜集起来，整理了一篇《克山建立农村业余剧团的经验》的材料，刘晓光同志看后便寄给了报社，在《黑龙江日报》1950年1月6日第四版发表。这是我第一次在报纸上发表文章。有时遇上重要节日和重大事件，我奉命具体组织召开全县干部大会，要请领导做报告。我在请韩书记、金县长等作报告时，他们有个条件，就是事先必须把听众思想状况和存在的疑问列出来。因此他们的讲话既有针对性又生动具体，通俗易懂，处处以理服人，从不念讲稿。群众非常愿意听他们的报告。

1950年7月，我调任县委秘书。那时的县委秘书室，只有一名秘书和一两名干事。秘书室的主要任务是承上启下，协调左右，当好县委助手。具体任务是负责通知有关同志参加县委书记主持的会议，做会议记录，县委文件的起草、印发，来往文件登记、归档，承办县委与有关方面联系的事务，以及跟随县委书记下乡调研和检查工作等。当时的县委秘书室，还承担着农村工作的任务。后来，秘书室逐步充实力量，于1952年冬改为县委办公室，我先后任县委办公室副主任、县委委员兼主任。

办公室设县委研究组。组长由县委委员唐桂生兼任，干事有姜文焕、张希文、苗东升等。办公室除承担秘书室的全部任务外，主要是加强了当好县委指导农村工作的助手的作用。1953年秋我调到东北局农工部工作后，这部分任务又从办公室分离出来，单独成立县委农村工作部。那时，我只是真诚地努力做好工作，但还很幼稚，许多事都不懂，是县委书记韩玉手把手地教我。韩玉同志是河北省肃宁县人，1916年生，曾任小学校教师，1938年2月参加革命打日本，同时7月入党，曾任县抗联主任、区委书记、冀中导报记者等。1943年赴延安中央党校学习，1945年9月从延安出发，到黑龙江省，被分配到克山工作。我除了把他当领导，还一直把他当成老师。特别在搜集、分析、归纳和整理材料上，他对我帮助最大。许多县委文件在我起草后，都是他帮助我逐段逐句地修改，使我逐步学会了写材料。1952年12月他上调黑龙江省农村工作部任副部长时，我请他给我留言，他写道"你那忠诚纯朴、埋头苦干、任劳任怨的品质……"希望今后"要有计划地提高理论，眼光要远大，胸襟要开阔，一眼看到共产主义、社会主义，要勇敢果断、干脆灵活，成为社会实战中的活动家。我们不欠任何人什么东西，怯懦是不必要的，我们要大胆表达自己的内心感情，处理共产主义事业中的一切问题"。尹之家、乔晓波、金浪白等同志对我也有类似的教导。这些教导切中要害，成为我那时成长的关键，对我树立正确的世界观和人生观，逐步克服缺点，改变性格最为重要。我一直记在心中，在行动上严格要求自己，按这些教导去做。我终生感激这些老领导和老师们。

1952年冬，陈俊生调来克山接任县委书记。他的学习成绩特别好，是全省出了名的。凡毛选、马列文选等经典著作，出版一本他就抓紧读完一本，并常写读书笔记，不少见于报刊。他的理论水平高，政治敏感性强，写作根底深。他参加革命后就养成了经常写日记和为报刊写稿的习惯。当领导后，重要文件他都自己起草并听取大家意见后再进行修改定稿。他善于调查研究，抓工作主动而有条理，大家都很服气。他提倡同志们加强学习修养，提高自己的素质，他念古诗曰"山上青松山下花，花见青松不如他，如有一时寒霜降，只见青松不见他"。我们虽相处不到一年，但他对我很关心，对我帮助也很大。

1953年秋我调到东北局农工部工作时，他给我写的临别赠言，我一直保存至今。他写道："赵明同志：你的最大特点和优点是作风实际具体，态度埋头苦干，虚心诚恳，对党忠诚老实。我们要学习，你要保持发扬。如能在今后工作中更大胆无畏地进行活动，便能更加生动活泼——迸发出创造性的火花。那正是党的事业活动家所应努力的。斯大林在《列宁主义基础》中说的'俄国人的革命胆略和求实精神相结合的列宁的工作作风'，可作为我们的努力方向。尤其'俄国人的革命胆略'这一作风的特点，望更加努力学习。"

在县里工作这六年中，我从周围的同事们，特别是从工农出身的同志们身上也学到了不少东西。麻振林、段秀清、马玉林、唐桂生、高玉成、门守荣、柴毅、梅树先、田作荣、刘晓光、王和琴、张希文、姜文焕、苗东升等同志那种立场坚定，观点鲜明，直爽真诚，处事干练，与群众关系密切，既虚心又善于联系实际，有的还善于分析、概括和写作等优良品质，我都认真学习。这六年中工作虽很忙，也挤时间读了一些书，有时也记了一点笔记。上面说的高玉成是农民出身的区委书记（县委委员），他善于分析和归纳问题，得益于学《大众哲学》，于是我也抓紧时间，读了这本书，并做了详细的笔记保存至今。

（三）县委县政府领导教我做农村调研工作

在这六年多里，我有幸遇到了前述那些政治思想水平高，善于做农民群众工作，善于调查研究，善于分析、概括，善于写作的好领导。他们是我做好农村调研工作的启蒙老师。特别是县委书记韩玉同志，跟他一起工作的机会多，他面对面地教我的东西也最多。我作为县委秘书和办公室主任，常随他下乡做调查研究。开始时，我既不会跟农民讲话，也不会搞调查研究。我记得有一次韩玉同志针对我有些怯懦的弱点说："我们不欠谁的债，为什么不敢讲话？"并让我独立到一个屯子里去开会，逼我主动联系群众，使我逐步跟农民有了感情，不但学会了和群众说话，群众也愿意向我说心里话了。

韩玉同志每次做系统的农村调查前，都组织调查组成员反复学习毛主席关于调查研究的教导，特别是重点学习毛主席关于《农村调查》的序和跋。使我懂得了"没有调查，就没有发言权"的道理。使我终身不能忘记的毛主席的一段话是："没有满腔的热忱，没有放下臭架子、甘当小学生的精神，是一定不能做，也一定做不好的。必须明白：群众是真正的英雄，而我们自己则往往是幼稚可笑的，不了解这一点，就不能得到起码的知识。"

经过学习，有了正确的态度，韩玉同志又领我们起草了调查提纲，然后率领调查组驻村调查。他主持调查会，按提纲虚心向群众请教，亲自做记录。他做出样子后，再让我们独立到外屯做调查。

在大家取得了调查材料的基础上,他又把大家召集起来进行汇报和讨论,在初步分析、综合的基础上,最后由他概括出几点结论来,引导大家进一步研究和提高认识。然后让我或别的同志起草调查报告。经过他审改后的调查报告,反映了农村经济发展的新情况和新问题,集中了广大群众的意见,因而是符合客观实际的。

每次调查都会发现新事物、新观点、新概念,因而每次都是在调查研究的基础上提出一些有针对性的改善工作的方针政策和措施。可见,这些调研的作用是无可替代的。通过反复多次的农村调研工作,使我观察问题、搜集资料和分析概括的能力逐步有所提高。此后随着长期不断的农村工作实践、经常性的理论学习(如读12本书和社会主义革命和建设的理论学习,特别是反复学习毛主席的《实践论》《矛盾论》等)和有关写作方法等方面的学习,使我认识问题的能力、分析概括的能力和写作水平都在不断提高。

(四)连续三年参加农村经济发展状况的系统调查

20世纪50年代初,每年进行一次系统的农村经济发展状况的调查,是中共黑龙江省委规定的一项制度。中共克山县委认真执行了这一制度。我在克山县委工作期间,连续参加了韩玉同志具体指导下的1950—1952年的调查工作。

农村经济发展状况调查一般在冬季进行。每次由县委统一组织三四个调查组,分赴不同的典型村进行驻村调查,每组都由县委、县政府负责同志带队。我是跟随县委书记韩玉驻村调查的。我记得去北兴区民立村（互助生产搞得好，有著名的杨显庭互助组，后升为农业社）和北联区的复兴村（互助生产一般）的次数多。各组调查结束后，都写调查报告。然后县委召开调查汇报会，会上进行分析研究和概括，最后写出全县典型村的调查报告，上报省委。我记得调查结论大体是：从1947年冬完成土地改革以后，广大农民的生产积极性空前高涨，农业生产和农村经济迅速发展；多数农民的生活水平已经相当于或超过土改前的中农生活水平，他们既有继续发展生产的积极性，又有扩大再生产上的困难和新的顾虑。部分农民的生活仍比较困难，要求政府帮助他们赶上来；互助合作组织，经过五年左右的实践受到广大群众的欢迎，绝大多数农民都参加了互助组，并开始试办农业生产合作社。广大农民普遍要求提高互助合作的质量，以解决他们扩大再生产中的困难；也有少数先富起来的户，感到在互助组内受到限制而退出；有些地方的互助组出现"春插、夏散、秋垮台"等现象。当时的省委、县委都针对发现的一些问题，根据中央决议，提出了一系列进一步调动农民积极性、扩大再生产和解决农民实际问题和思想顾虑等措施。

可惜，我当时起草并经韩玉同志详细改定的调查报告丢失了。只有一些记忆和被省里的综合调查报告及其他有关材料中吸收进去的部分资料。现将有关内容分述于下。

1. 农民的生产积极性空前高涨，农村经济迅速发展

据克山县的北联区复兴村、古北区保安村、西联区西大村、古城区胜兴村四村的调查统计，1951年的农民生产生活与1949年对比是"四增一提高"。"四增"即耕地（开荒）增加265垧（一垧即

一公顷，折15市亩)，增加12%；耕畜增加96头，增加16.3%；农具和车辆增加167台(件)，增加27%~53%；新房增加139间，增加20%。"一提高"表现为农民生活水平提高了：新被褥增加16%—34%，细粮和肉食增加13%—22%。据黑龙江省委调查组1952年的《目前农村经济、农村工作发展中的新情况和新问题》一文，克山、海伦、肇源三县五个村1952年都实现了丰收，粮食总产量比1951年增产66%；其中四个村的商品粮占粮食总产量的42%；五个村的主要生产资料比1951年增加较多：耕地增加1.89%，耕畜增加22.58%，大车增加4.2%；农民消费资料也增加不少，布增加6.19%，棉花增加17.4%，豆油增加25.9%，农民生活消费购买力比1951年提高了16.65%。

2. 达到或者超过土改前中农生活水平的农民，在1950年就已占多数，到1952年已占农民总户数的70%以上

据前述五个村的调查，在1952年底，已达到土改前中农生活水平的农民，占农户总数的71.65%。这些户的劳动力占总劳力数的73.2%，土地占80.59%，耕畜占89.63%，车辆占87.79%，农具占89.4%。据四个村统计，他们的商品粮占这四个村商品粮总数的87.67%。他们不仅在经济上占绝对优势，在政治上也占优势。在人民代表、村政府委员、互助组长和党团员中，他们都占80%左右。由此可见他们已是农产品最主要的生产者，商品粮最大的提供者，也是工业品在农村最普遍、数量最多的购买者，他们的兴衰已经影响着城乡经济的发展。

在上述农村中，已有相当一部分农民达到了富裕中农的生活水

平。据上述五个村的统计，他们已占到总户数的23.31%。他们占有的生产生活资料又多又好又齐备，一般一户有地7～12垧，耕畜2～5匹。他们是农民中力量最强的阶层，也是令大多数农民羡慕的阶层。克山县委书记韩玉分析说，他们是农民中的排头兵，他们的动向应引起我们充分的重视。

整个达到中农和中农以上生活水平的农民，绝大多数有扩大再生产的要求。多数要求添车买马，增补农具，扩大再生产；希望多打粮食，撑上富裕中农。他们认为走组织起来的新道路，能解决困难，能多打粮食，基本上是满意的。生活已经达到富裕中农的一部分人，在较好的长年互助组或农业生产合作社中，得到了好处，积极扩大再生产，坚决走新道路，一部分人还积极经营畜牧业、手工业作坊和运输等。他们当中的另一部分人，对扩大再生产有种种顾虑，对政策不托底，怕将来归大堆白干了；在互助组里感到受限制，退组单干又怕干不过来还得雇工，怕将来不知落到什么份上。因此一部分户怕露富搞假分家，或者把余粮余钱用在消费上，说什么"吃点、喝点、穿点、得点"。我记得复兴村还有的户怕"归大堆"而杀猪，大吃大喝，吃坏了弄得全家"跑肚拉稀"。

3. 工作薄弱村状况值得重视

在大多数农民已经达到中农或富裕中农的生活水平的同时，还有一部分农民仍处于贫困状态，也出现了个别的新富农。据前述五个村的统计：生活仍处于贫困状态的农民占总户数的24.27%，新富农占3.03%。先进村经济发展快，而且大多数户都逐步走向富裕，薄弱村则相反，而且两极分化的情况较明显。以克山县为例，先进的民立村，达到或超过中农生活水平的户早已占绝大多数，其中达到富裕中农生活水平的户就占30%多，新富农只占1.42%；而薄弱的工农村已上升到中农或中农以上生活水平的仅占农户的55.16%（其中相当于富裕中农的只占15.32%），生活水平仍处于贫雇农状况的农民则占37.4%，已达到新富农的户数占总数的5.58%。薄弱村的特点是工作放任自流，党对农村的经济政策得不到落实，组织起来的工作很落后。据五个村的统计，到1952年底，参加组织起来的农户占总户数的百分比，已由1951年的86.8%增加到94.5%，而且互助合作的质量也在提高：常年组由1951年占7.43%，提高到20.3%；季节组由38.5%降为23%；并出现了四个合作社（其中一个自发社），入社农户占总户数的70%，这些社办得基本成功。互助合作的内容也在不断扩大，开始涉及推广新技术，扩大互助合作项目，结合供销、信贷，实行分工分业，开展爱国增产运动和增加公共积累，等等。而其中的两个薄弱村组织工作则处于放任自流盲目发展的状态，因而互助合作基础薄弱，参加互助合作的农户只占两村户数的58%，季节组占32.43%，临时组占57.46%，已有两个农业社（其中一个是自发社）。有的互助组只为一两户大户服务。如克山工农村，有一户有22垧地、两个劳力、九匹马，以他为主成立了一个12户的互助组，其中无马户八户。无马户地的耕作总是排在最后，人马换工不两利，富户当组长，贫困户感到受气、吃亏。互助组大多处于"春插、夏散、秋垮台"的状态。在这类村子里富裕农民要想扩大再生产缺劳力，贫困农民的生产生活困难，都难以得到解决，农民只好各奔前程。富裕的添车买马、雇工、开荒种地、饲养畜禽、开五坊（油、豆腐、粉、磨、糖等坊），拉脚经商，有的甚至靠购置土地、房屋和放高利贷发财。困难的只有靠借贷、卖工，甚至卖房卖地以维持生存。因而这种薄弱村经济发展迟缓，两极分化严重，贫困农民和新富农均比一般村多。可见抓好改变薄弱村面貌的工作是继续发展农村经济、提高大多数农民生活水平的一个重要环节。

从上述情况可以看出，要使整个农村经济持续发展，必须进一步消除农民的顾虑，办好互助合作工作。因此1953年全省都大力抓了政策补课工作，提高互助组质量，试办农业社。

（五）亲历克山县20世纪50年代初期将农民组织起来

在这个时期，我和唐桂生同志（县委研究组组长）都是县委委员，都是县委抓全县互助合作工作的主要助手，参与了互助合作这一时期全过程的工作。我还有一个经常任务是搜集、整理、起草这方面工作的文字材料，因此到现在还留有较深的印象[1]。

完成土改后的1948年春，克山县广大农民响应党"组织起来发展生产"的号召，走上了组织起来的道路。1949年组织起来的农民户数占农村总户数的80%，1950年占75%，1951年占85%，1952年占91%。经过1951年冬的充分酝酿，于1952年2月正式成立了杨显庭农业生产合作社（县试办），3月省里在克山试办了和平集体农庄，到该年5月县试办社八家。到1953年县、区试办的农业生产合作社则达到77家，成为全省农业生产合作社办得好的先进县

---

[1] 写这部分稿子时，还参考了克山县原县长李永海于1993年7月3日写的《记韩玉同志在克山七年如一日开基 创业事迹》一文和克山县委办公室提供的一些档案资料。

之一。互助合作组织的发展促进了生产的发展。1952年粮食总产为318880吨，比1949年增产5%；单位面积产量每垧为1.89吨，比1949年增加22%。全县74%以上的农民已经过上相当于中农和中农以上的生活。

克山县农民组织起来比较顺利，而且有效地推动生产发展，其具体情况如下：

1. 组织起来是农民发展生产的客观需要

1947年冬完成土改后，全县农民开展了大生产运动。当时的情况是：种麦子、谷子等的糠地需要三匹马犁、四个人才能配套种上地（即耥犁组），即三匹马犁和赶套、扶犁、点种、压滚各一人。种大豆、玉米、高粱等扣地（即翻地），则需六匹马犁和四个人（同上）配套种地（即扣犁组）。开荒需要10~12匹马，套一副犁才能拉动。这正如1953年中央农工部李友九等同志来克山考察时说"这里适合大生产"的结论。但是土改后多数农户没有这种独立种地的能力。全县三万多农户中，仅有1/10左右的户牲口、农具比较齐全，能够相对独立生产，而广大农户平均每户不到一匹马，相当多的户还缺农具、种子和资金，有些还缺劳力，没有独立生产的能力。因此要进行生产，就必须联合起来，组成人马犁配套的小组。旧社会许多小农都是以插犋换工等形式联合种地的。在组织农民大生产中，政府顺应这种客观需要，发动群众组织起来。当时县委书记韩玉等主要领导同志通过召开座谈会、组织调查研究，在群众中广泛开展互助互济，解决缺农具、种子和资金等困难；通过群众之间的换工插犋，解决缺劳力和畜力的困难；帮助农民组织互助合作，把农民逐步组织起来。在这一过程中，凡是适合农民发展生产需要的事，就引导农民采用，否则就纠正。

2.县委大力抓农业生产互助组的发展、巩固和提高工作

（1）在互助组中坚持贯彻自愿互利和民主原则。在组织互助组的初期，有些农村干部为了让农民尽快把地种上，竟违背自愿互利原则，硬性让农民联组，有的甚至按每趟房编大组，铲地时从第一家往后排，引起农民的不满。韩玉同志领导县委一班人，就这个问题在北兴区的北兴、民主两个村和长发区胜利村进行了调查。根据这三个村的生产需要和农民的愿望，明确提出了以耥犁组为基础组织小组、以扣犁组为基础组织大组的群众容易接受的生产组织形式。实践证明，这样联组既坚持自愿、互利政策和民主原则，又没有放任自流；既积极领导，又纠正了强迫命令。韩玉同志把这种做法加以总结，写成《关于生产小组的意见》一文，发表在1949年5月22日的《黑龙江日报》上。

由于县委从生产需要和农民意愿的实际出发，坚持了自愿、互利和民主原则，使广大农民组织起来的积极性大大提高。全县生产互助组蓬勃发展起来。从三五户的临时插犋，发展到季节性换工互助，再发展到互助合作关系比较稳定的常年互助组。据1951年春统计，全县有互助组5688个，其中扣犁组3514个（包括144个大组），耥犁组1174个。据1952年春统计，全县组织起来的户数已占总户数96%强，互助组中常年组占39%，三大季组（春夏秋）占44.7%，临时组占19.2%，春耕中一付扣犁组在一起行动的占78%，其余以耥犁组或两个组联合进行生产活动。还出现了18匹马以上的大组317个。

（2）县委通过总结先进典型经验，引导广大农民学习推广。在全县互助合作运动初期，出现了杨显庭、滕永福等常年组办得好的一批先进典型。比如全县第一名的杨显庭常年互助组，善于推广使用新农具、各项农活一直保质保量地走在前面的滕永福常年互助组，劳畜能调配开、农副结合好、多开荒多打粮的李长福互助组，一贯巩固团结的柳和常年互助组，组长以身作则、合理评工互助互利、民主管理都搞得好的刘有山常年互助组等。

如克山县北兴区民立村杨显庭常年互助组，从1948年成立互助组，从未散过。由于充分调动了男女劳力的积极性，充分发挥土地、劳力的作用，并发展副业生产，虽然连受两年旱灾，但生产生活都有很大提高。到1951年底，全组16户中有14户过着中农以上的生活，只有两户还停在贫农生活（其中一户是后搬来的）。全组有86.1垧耕地，组内公有35垧开荒地、18匹大马、四匹小马、三台车、全套新改马拉农具和五台铲耥机。杨显庭被评为省级特等劳动模范，县区领导经常组织农民、干部来这些先进组参观学习。推广肇源丰产经验和各种新技术，也将这些典型先推广。我保存的一本克山县1950年的《农业劳动模范事迹介绍》，其中模范互助组就有14个。这些典型对广大农民产生了很大的吸引力，有些未入组的人强马壮户，看到这些办得好的互助组的优越性，也积极地入组。在这批先进典型的影响下，据1952年5月中旬统计，全县订增产计划的组、社达50%～60%，村、屯、组展开春耕评比竞赛的达60%以上。全县完成小麦种植比往年提前三天，种大田只用了22天，上粪施肥面积比上年增加19%以上。

（3）注意解决"春插冬散"的问题。在互助组的发展中，有些地方存在一个比较严重的问题，即"春插冬散"。县委书记韩玉和县委研究组组长唐桂生等同志深入调查研究，总结写出了《关于加强冬季互助合作运动的领导，改变冬散春插的规律》。韩玉同志又根据他检查河南、滨河二区春耕生产时，发现有些互助组不起作用，就如何发挥互助组作用的问题，给各区委写了专门材料。还下发了他和县委委员刘瑞生就整顿生产互助组问题给各区委的通报。县委还印发了《关于生产小组问题的研究》材料。在这些文件中，强调组织生产互助组要从生产需要出发，坚持自愿、互利、民主和勤俭的原则。要培养领导骨干，特别是要培训组长和会计。还要开展新道路教育，落实党关于发展农村各项经济政策。要做好生产计划，扩大生产门路，开展多种经营，搞好分工分业和劳动调配，搞好合理换工。实行账目公开和健全组内各项管理制度，处理好组内各项利益关系，搞好团结，等等。这些对全县互助合作运动的健康发展，起到了重要的指导作用。

  "春插冬散"的主要原因，是没有多打粮食，没有增加收入。具体原因无非是领导骨干弱，组内生产内容单一、互利政策没落实好等，而关键是领导骨干弱。因此加强互助组长和会计的培训成为解决"春插冬散"最有效的措施。克山县每年冬春都集中培训，还要结合工作经常培训，提高他们的思想觉悟和领导能力。比如1950年冬与1951年春各区普遍办了互助组长训练班，多的为四期，少的为一期，一般区都办三期左右。共训练了2174名互助组长，占扣犁组数的近62%。培训的主要内容是如何提高生产技术，多打粮食，增加生产门路，增加组员收入；边训练边解决组内不互利不团结等问题。经过训练提高了组长们对农业技术的认识，提高了管理能力，制订了生产计划,增加了生产门路,提高了对组织起来的方向和农村具体经济政策的认识,解决了误认为组织起来是"归大堆""拉帮穷人"的模糊观念。

(4)开展农村发展方向的教育,进一步落实农村各项经济政策,调动广大农民的生产积极性。克山县委自1950年至1952年每年冬春做农村经济发展情况的调查,调查结果显示从1948年到1952年生产发展很快,农民生活普遍提高,但还存在两方面的问题:一方面,有部分干部对党的政策宣传不全面,而且有企图以简单的办法提高互助组的急躁情绪,引起了一些富裕农民对生产不托底,怕将来富了归大堆;另一方面,仍有自流现象,三马农户未入组的多,入了的又想出组单干。北联区复兴村1949年三马未入组的有九户,1950年增到41户,党员未入组的有五名。农村贫困户、老弱户受排斥和受高利贷盘剥的现象也比较严重。有的地方把放高利贷转为"明三暗七"甚至仍行"大加一"等现象。

县委根据这两方面的问题,决定对广大农民进行农村发展方向和党在农村各项政策的教育。首先对党团员先开展这种教育,号召党团员干部带头走互助合作的道路,不放高利贷,不歧视、不排挤贫困户。从1951年冬开始,在县劳模会、党团员干部训练班、生产组长训练班上,都把此项工作列为重要内容。1952年5月9日韩玉同志写出《继续积极、正确地贯彻新道路的教育,发挥农村一切经济的生产积极性,争取全年丰收》一文。5月14日至17日他组织召开县、区、乡三级干部及农村供销社主任参加的400多人的大会。会上集中讨论了农村发展方向,如何使互助合作运动健康发展,和落实党对农村的各项具体经济政策的问题。韩玉同志在大会上提出十多个大家有疑问的问题，让大家讨论，如什么是新道路，什么是旧道路，组织起来的目的是啥，在法定范围之内雇工、单干、放贷等是否允许，怎样搞好互助组等。这些问题引起了与会同志的热烈讨论。韩玉同志在大会总结时对会上所提出的各种问题，都给予了答复，并着重从理论和实践上阐述了组织起来走新道路的好处、走旧道路的坏处和党在农村中的一系列方针政策。当讲到放贷等农村具体政策时，他指出"我们禁止高利贷，并不是不叫借贷，而是欢迎和提倡低利借贷；我们号召马工不应高于人工，并不是叫有马户吃亏，而是照顾其有利可图；我们提倡帮助困难户入组，并不是叫富裕户拉帮穷人，而是对两方面都有好处；我们号召卖余粮，并不是挤兑富裕户，这一方面是爱国行为，同时在经济上也增加了收入……"

这次会议，通过专题讨论、领导讲课、总结和典型人物现身说法，使会上提出的问题都得到了明确的答复。与会同志受到一次生动实际的农村发展方向和农村各项经济政策的教育。会后各区通过集中力量培训互助组长等方式把会议精神传达到广大干部和农民中去，使广大群众进一步提高了走新道路的觉悟，对党的具体经济政策也托了底，生产积极性高涨。通过开展春耕评比、夏锄增产竞赛，继续提高互助组质量，防止夏散。

1953年春中共克山县委针对部分农民对发展生产仍不托底，加上部分农民有些实际困难没解决，全县约有5000垧地，有扔地（种不上）的危险。当时，县委领导和全体农村干部继续向广大农民讲解党在农村的经济政策，以充分发挥各种经济的生产积极性。说明多种地多打粮，对国家、对自己都有好处，纠正了"多种地是剥削""互助组内地多的剥削地少的"的糊涂观念，以及"按人背地，多者归公"的错误做法。许多不托底、要扔地的农民情绪由此安定下来，有些准备扔地的户又都种起来了。县委还决定，县委委员分头到各区亲自宣讲农村的发展方向、党在农村的经济政策，并帮助农民解决春耕生产上的各种困难。我当时被分配到北联区。当时区委书记田作荣告诉我，农民确实还有一些顾虑，有的甚至说"三马一车是个臭名"，"穷光荣、富损种、不穷不富占中等"等。我和区委书记在区、村干部大会上，一方面大力宣传农村发展方向，另一方面宣传党在农村生产、开荒、雇用、租佃、借贷、换工等具体经济政策。我们宣传土改后，农民勤劳致富是光荣的，有条件致富而不勤劳的人是落后的，够吃够喝不向前奔，也是不对的。三马一车不是什么臭名，是农民富裕的表现，只要在法定范围内积累的财富，都为个人所有，受政府保护。怕露富是不必要的。既要积极地逐步组织起来，也允许单干，保护私有，保护合法的借贷、雇用、租佃等。富裕农民入组入社，和一般农民一样是自愿的，强迫的要纠正过来。富裕农民参加互助组是不会吃亏的。互助组坚持自愿、互利和民主原则，解决了这些户种地缺劳力的问题，多余的马工也会得到合理的安排并取得合理的报酬。入社也不会吃亏，就像试办社那样，土地、马匹、大农具都作了股份，是要分红的，其他设备也会给予合理的补偿。即像和平集体农庄那样，入社资产，按人作股份，多退少补，保证任何人既不吃亏也不占便宜，而庄员还有自己的园田、大牲畜、猪、羊、鸡等。经过政策交底，许多原准备扔地的农民情绪也安定下来了，不仅不扔地了，还比上年多种地。

全县解决这方面的具体措施有五：一是自力更生，用副业卖猪等解决草料、种子。二是互相调剂有无，如吴玉林有马没劳力准备扔两垧地，而孙连阁有劳力无马也准备扔两垧地，结果一调剂，谁也不扔地了。三是宣传"提倡低利借贷，保证有借有还，保质保量，年利三分，一本常行，单利计算"。转变农村借贷"犯死证"。四是用一部分地种省工作物（如小麦、苏子、麻子等）。五是政府发放农贷。经过这些工作，调动了各方面的生产积极性，基本上解决了扔地问题，使生产得到了持续发展。

3. 试办农业生产合作社和集体农庄

（1）县委集中力量试办农业生产合作社，省里在克山试办了和平集体农庄。杨显庭互助组从1948年初建立至建社已4年了，农业生产和社员生活水平有很大提高。但是再往前发展确实受到互助组形式的局限。杨显庭上北京参加国庆观礼回来介绍张贵庄合作社的情形，大家都很羡慕，但不知怎么个搞法。后来经省委宣传部李剑白部长的教育和帮助，加强了集体主义观念，消除了个别人认为搞合作社是"归大堆、大平均"等误解；解除了怕劳动不好的耍尖头，怕搞不好把自己拉进去等顾虑。经过全体组员反复讨论，一致同意把互助组提高为农业生产合作社。原有15户全部入社，新入社一户（村长，可作合作社领导骨干）。他们的具体办法是：

◎ 土地：各户留下自己的园田共计6垧三亩，全社共同使用的有熟地86垧一亩，按地板好坏分等入股。

◎ 马力：按软硬评分入股，最高的12分，最低的九分，全组18匹马共作189.5分。

◎ 粮食分配：去了公粮和5%的公积金、公益金、农具折旧费、妇女工资并留够第二年需用的籽种，剩余粮食人分六成五（按人的一年总分数多少分粮），马分二成五（按马的一年总分数分粮），地分一成，按股分粮，籽种按分粮办法拿。

◎ 农具、大车和一切旧农具、绳套等，根据需要收买为公有，共同使用。

◎ 领导组织：设立理事会，由五人至七人组成。杨显庭任主任，并建立起时事、政治、文化学习制度，闲时学习两小时，忙时学习一小时，每天读报，由学习组长负责。

总之，办了一年就基本成功。社员高兴地说："还是农业生产合作社好，要是在互助组哪能收到这些粮食啊！"

1952年3月，省里在克山县八区和平村，试办了集体农庄。

和平村108户，土改时有88户是贫雇农。土改后，农民翻了身，组织起来发展生产。66%的农民过着中农和中农以上的生活。1952年3月省委派来了工作组驻在和平村，帮助农民办起了集体农庄。采取以劳动力为单位平均入股的方法。入庄的108户都把自己的土地、耕畜、车辆、农具、籽种和耕畜饲料折价按各户应入的股份缴为农庄公有，多的部分由农庄退给个人，不足部分由个人逐步补齐。每户还保留一两头牛、房屋、园田等私有财产和饲养的猪、鸡等。采取按劳取酬，分配劳动果实。在劳动中，分队分组，各尽所能。半劳力负责打更、喂马、做饭、放牧，整劳力全部下地，52名妇女也参加了生产。在全庄开展了生产竞赛和实行了以生产队为单位的定质、定量、定时的包工制，奖勤惩懒。比互助组、比往年活干得都快都好，打粮多。以一户五口之家为例，除去吃穿用外，还余 18.8 石（1 石为 240 斤左右）粮。人均收入这么多是过去所没有的。从 1949 年到 1952 年一家有两个劳力、养两三匹马的户，一年收入也超不过 30 石粮。这些事实说明省办的集体农庄也是成功的。

这两个典型的先进事迹，影响着全县互助合作更加积极、健康地发展。好多先进的常年互助组，暗地里为办社创造着条件，或向组织提出办社要求，请求批准他们办社。

（2）清理自发社，扩大试点社。在杨显庭农业生产合作社、和平集体农庄（即高级农业生产合作社）示范作用的影响下，有些地方未经批准就自发组织了农业生产合作社，到 1952 年春全县有自发社 34 个。有些办得好，有些办得差。县委为了查清自发社的情况，由县委书记韩玉主持召开了第一次农业生产合作社主任座谈会。在了解各社情况后，韩玉同志着重讲了办社的目的、方针和必须具备的三个条件，同时必须经过政府批准才能办。三个条件是：一是有三年以上常年互助组的历史；二是有较强的领导骨干和会计；三是群众真正自愿，积极要求办社。他指出不具备这三个条件的，不能急于办社。经过会议研究，大家认为条件成熟的已办起来的，办得好的合作社有八个，经过县委批准并作为县委的试办社。对不具备条件的，尽量说服动员改为互助组，继续努力创造办社条件。

（3）提高八个县试办社的经营管理水平。为了办好试点社，除杨显庭已派驻社干部外，其余七个社也由区委书记亲自抓，并派专干帮助。县委经常掌握他们的情况、经验和问题，并加强交流，以便互相取长补短，逐步提高办社质量。1952 年 6 月县委书记韩玉和县委委员高玉成、唐桂生和我等同志到杨显庭合作社召开座谈会。

共有区、社、劳模、妇女主任57人参加。与会同志通过参观学习并交流了提高经营管理水平和加强政治工作的经验。

1952年8月县委派工作组深入八个试办社，对其经营管理情况进行调研和帮助，进行初步总结。确定全县在现有八个社的基础上，1953年计划试办73个社。要求各区委书记亲自动手试办，认真学会办社。在思想上、组织上和物资上准备好区级开展试办社工作。

1952年12月为了搞好试办社的分配工作，由韩玉同志和我等带领工作组和区干部、社主任、会计28人，深入古城区姬富、滕永福二社进行年终分红工作试点。在学得经验后，各社普遍进行了年终分红工作。从分红结果看，八个试办社基本上是成功的。有七个社的粮食产量比互助组高3%—21.7%，超过全区平均产量的10%。杨显庭社最突出，前已述。赵清海社每户纯收入粮食19.82石。有四个社分红后买进马10匹。社员思想变化大，人们关系更融洽，团结合作、关心集体的精神大为增强。由于土地联片，统一耕种，增加了耕地面积，提高了土地利用率；新式农具也充分发挥了作用；改进耕作方法和推广新技术的工作成绩也很显著。

（4）整顿薄弱生产合作社。1953年县区共试办了77个农业生产合作社。县委书记陈俊生主持了农业生产合作社座谈会，研究了区委如何进一步领导好试办社，帮助各区委逐个研究薄弱社的问题和解决办法。会后各区委都派了区委委员和能力较强的干部去进行整顿。

这些薄弱社的主要问题是骨干力量弱，又互不团结，工作不负责任。在整顿这些薄弱社中，工作组注意个别访问，了解存在问题，然后同群众研究如何解决。解决这类问题，主要通过个别谈话、召开理事会和党团员会、总结工作、提高干部会计管理水平和解决干部之间不团结问题等方式进行。接着召开社员大会，向有关干部提出批评，这些干部和歇工多的社员都进行了自我批评，表示今后一定改正。在此基础上提出进一步搞好合作社的意见，并评选了模范社员，树立了榜样。接着处理社内存在的实际问题。

4. 全县五年发展农业生产合作社的计划

1952年10月，县委在连续三年农村经济发展调查和五年来互助合作运动发展总结的基础上，制订了《克山县五年农业生产发展计划》。县委书记韩玉组织召开县委会等会议，听取了各部门提供的情况和规划意见。经县委深入讨论，由韩玉同志概括出纲目，由我起草，最后由韩玉同志详改后定稿，其中对农业合作社也做了详细计划。该计划在1953年又经新任县委书记陈俊生根据实践经验做了部分修改。

计划的主要指标是，到1957年粮食总产量比1952年增加1.24倍，1952年粮食单产为每垧1533公斤，到1957年达到4436公斤。为此，到1957年新农具要达到1500套，并部分使用拖拉机，从根本上改变耕作方法。普遍、大量地推广肇源丰产经验——等距、宽播、间苗、保苗、分期追肥[1]。同时要提高粪肥质量，到1957年全部大田都上有底肥；要推广大豆、苞米、小麦等作物的优良品种；要提高耕作质量，推广优良马种。农村经济的发展还要增加运输力。现有9696台车，其中花轮车8300台，所以计划五年后全县汽车达

---

[1] 1952年冬或稍后，县委派我带领县劳模和县、区、村有关领导干部，赴肇源县参观学习其丰产经验。后来县委书记陈俊生又派我去推广肇源丰产经验比较成功的杨显庭合作社，筹备迎接区、村干部和劳模来该社参观学习推广肇源丰产经验。

150辆，胶皮车达到1000台。五年内还要增设国营农场一两个，每区建立一个新农具修理站。

五年计划中，还计划推行速成识字班，三年内让全部青壮年农民都识字。到1957年全县适龄和超龄儿童基本入学。每村有一个图书馆，每户订一份报纸。对改变农村个人卫生、环境卫生和消灭地方病，也提出了要求。要求改善农民居住环境。现在每户农民住1.3间房子，人均0.3间，40%都是厢房和马架，争取到1957年90%以上的农户能住上比较宽敞的砖瓦房。

克山县农村经过五年（1948—1952）的组织发展的工作，以及广泛地进行农村发展方向和落实农村经济政策的教育，有力地推动全县农村经济的发展。据八个区统计：1951年雇工的党支部书记七名、村长21名、党员37名、一般农民348户；1952年没有支部书记雇工了，雇工减少到村长四名、党员八名、一般农民87户。直接放高利贷与马工高于人工的现象不见了。但在农村仍有25%的农民停留在贫农生活水平，近年来又出现1%的富农，2%—3%的雇农。农村一方面仍有部分富裕农民对发展生产存在顾虑和误解；另一方面资本主义自发趋势仍在滋长。

克山县的县级干部在1952年已取得试办农业生产合作社的经验。计划1953年使全县及区干部和一部分村干部也取得经验，全县农业生产合作社需要办到100个。1954年是农业合作化的准备阶段，使全县村级干部都取得经验，全县计划办374个社。1955年则大量推广，全县合作社应达到1000个，农业社将成为互助合作的主要形式。1957年要达到1300个社，全县合作化即已完成。

1953年8月中旬，我奉命调东北局农村工作部互助合作处工作。

后来得知，在县委的领导下，克山的互助合作运动蓬勃健康地发展起来，提前完成了五年计划。

二 中共中央东北局农村工作部互助处工作时期（1953年秋至1954年秋）

1953年8月19日，我奉命从克山县委调至中共中央东北局农村工作部互助合作处工作。当时的处长是肖梦，他生于1920年，河南嵩县人，老共产党员，解放战争期间调到东北工作。他作风朴实，坚持实事求是，很熟悉农村工作，又善于积累资料和写作，并善作诗，著作颇丰。副处长王涵之，生于1917年，浙江鄞县人，1938年6月入党，曾任延安抗大指导员、组织干事，抗战胜利后调东北。他善于理论联系实际，善于调查研究和写作。对问题的分析和概括很透彻、很有条理、很有说服力。他密切联系群众，关心群众，与群众关系很好。

我被分配到该处南满组任副组长。在这里工作与在县里工作截然不同。在县里具体任务多，忙得连觉也不够睡，而这里时间比较充裕，主要任务是通过面上了解和下乡调查，掌握农村互助合作运动进展及其促进生产发展等方面的情况，草拟互助合作发展规划和农村有关经济政策等工作。这一年，我主要是下乡做调查研究，曾去辽宁省盖平、绥中、安东（现丹东）和吉林省龙海、黑龙江省桦川等县做过调查。

这里的学习风气很浓，我趁此良机，抓紧自学。一方面继续通读《毛泽东选集》《联共（布）党史》《论共产党员的修养》《经济建设常识读本》《列宁主义基础》和马克思列宁论合作制等；另一方面读些提高思想方法和写作水平方面的书，如写作常识，形式逻辑和斯大林的《辩证唯物主义与历史唯物主义》等书，并做了笔记。当然最直接的学习是从农工部各位领导和各位同志身上学到了不少东西。我还抽空读了几本小说，如《卓娅与舒拉的故事》《把一切献给党》《金星英雄》《远离莫斯科的地方》等。

三 在中共中央农村工作部工作的八年
（1954年秋至1962年秋）

　　1954年在中央撤销各大行政区机构以后，东北局农工部就合并到中共中央农村工作部和中共中央地区工作部。东北局农工部副部长兼秘书长王录（八级）带领我和原秋、王涵之、李占魁、郭俊卿、刘永昌、孙石林、黄克、孙凌义等十多名干部，调到中共中央农村工作部。我们是1954年8月27日上午到万寿路10号院（现在开南门，叫复兴路61号院）中央农村工作部的。各大区来的每区成立一个处。我们这个处先叫东北处，后又与西北处合并叫关外处。1955年后又把地区处合并到各业务处，我被分配到二处，该处主管全国互助合作方面的工作。合并后这个处很大，有三四十个干部，处下还设科。开始时处长由部里副秘书长王谦兼任，常务副处长是原处长李友九（八级），各地区处的处长多数调入二处，一律任命为副处长。那时机构少，但高干多，所以有10级的科长，13～14级的干事。我先后被分配到政策科、综合科工作。当时我是17级的小干事，1956年评工资时提为16级。以后机构逐步精简，中央农工部由

200多人精简到不足100人。

到中央农工部工作后，感到中央机关和地方大不一样。领导水平高、作风好，干部思想活跃、纪律性强、工作质量高，上下追求学习、探求真理的风气浓。领导的报告都是自己动手准备，没有照本宣科的，大家都愿意听。比如邓子恢的报告实事求是，生动活泼，道理讲得透彻，深入浅出，通俗易懂；廖鲁言的报告很有条理、逻辑性强；杜润生的报告说服力强，很有吸引力。听了他们的报告，确有"胜读十年书"之感。我接触比较多的处长有李友九、王录、霍泛、裴润等同志。

我们的科长先后是董家邦、徐林枫、毕秉鉴等。大精简后二处只设两科，综合科科长张其瑞，经营管理科科长王涵之。这些处、科领导人，给我的印象至今还很深。他们提倡把学习马列主义、毛泽东思想与实际紧密结合起来，去寻求真理。他们待人以诚，没有一点架子，非常关心和联系群众。他们以平等待人的态度与大家一起工作。讨论问题时，他们让人畅所欲言，提倡知无不言，言无不尽，言者无罪，闻者足戒的作风。谁掌握了真理就服从谁，在追求真理的道路上没有职务高低之分。那时我们有什么想法都敢讲出来，也敢和领导争论，有时争得面红耳赤。领导很宽容，不但从未有过打击报复之事，还提倡坚持这种追求真理的风气。这种风气，实质上是邓子恢等部领导带出来的，也是中央机关正常、健康的好风气。对工作，他们身先士卒，带头和大家一起干。他们经常加班加点搞文件，确实忙得很。尤其是李友九同志特别忙，经常加班加点。他们的政治思想水平高，善于调研和写作。我记得董家邦任我们综合科科长时，让我把报刊上有关农村金融的材料整理成一个综合材料。

我写出来，他看了后又让我在材料边上列出纲目，然后他又帮我调整一下段落并做了文字修改，改成了一篇简报。他的分析概括能力很强、工作干练。总之，这些领导同志的长处是我学不完的。

我在中央农工部工作了八年，除了日常机关工作，主要是跟一些领导搞农村调查。因为当时的笔记本在"文革"中被处理了，只能凭记忆和能找到的文字材料，回想起来的有16次：

（1）1956年3月底，全国已经实现了初级形式的农业合作化，问题较多。我记得上访的人中多是要求解决合作社问题的，其中互利问题较多，也有的是要求退社的，说明部分合作社还不巩固。在该年春夏，为了解决这些问题，中央农工部副部长陈正人率调查组到江西等地深入调查。我们处霍泛副处长带领我等参加了这次调查。我们到毛主席在苏区调查过的兴国县长冈村进行驻村调查。大约调查了一个月，霍泛同志亲自写了调查报告，向陈部长做了汇报。部里根据本部的调查和各地反映的情况，起草了中共中央国务院《关于加强农业生产合作社的生产领导和组织建设的指示》，这个文件经中央审定后，于1956年9月12日正式发出。指示提出巩固合作社必须解决11个方面的问题。

（2）1956年10月至1957年2月，邓子恢率工作组赴江西的南昌、南丰、宁都、瑞金，福建的长汀、龙岩、漳州，广东的汕头、海丰、惠州、广州、海南等地，连续进行了四个月的农村调查。他先后向中央写了六次报告，反映了相当一部分农业社仍存在中央在《关于加强农业生产合作社的生产领导和组织建设的指示》指出的那些问题。生产经营管理和互利政策问题较多，干部作风不民主，对入社的生产资料，特别是对果园、鱼塘等处理不当。有2/3的社不能保证90%的社员增加收入，引起部分社员思想动荡，甚至有少数户要求退社，等等。邓老提出许多解决这些问题的具体建议，整理了《龙岩县农民生活调查表》。调查结果说明一位农民一年的平均生活费为74.1元，而当时农业社只能分给四五十元。也就是说只能从合作社得到60%左右，其余的要靠家庭副业和外援、借贷等来弥补。因此邓子恢指出合作社要进一步种好集体田，并要发展多种经营，让社员有多挣工分的机会，从集体分得更多的收入。

（3）1957年7—8月，由我们政策科的科长毕秉鉴带着我和潘汝光共三人，到河北省怀来县官庄合作社做农业合作社执行互利政策的情况调查，总结出该社的"全面安排、各得其所"和"果树合理作价"等经验。调查后，由毕秉鉴组织研究提纲，由我和潘汝光执笔，写成《官庄社互利政策执行得好》一文，由毕秉鉴详改后定稿，于1957年11月被中共中央办公厅编印的《巩固农业生产合作社的经验》一书收入。

（4）1957年8月8日中共中央发出《关于向全体农村人口进行一次大规模的社会主义教育的指示》，9月14日中共中央发出三个指示：《关于整顿农业生产合作社的指示》《做好农业生产合作社生产管理工作的指示》《关于农业合作社内部贯彻执行互利政策的指示》。为了贯彻这些指示，特别是整社指示在基层如何落实，毕秉鉴、张凛（女，红旗杂志社）和我、通县农工部的李行四位同志到通县牛堡屯南一阁村，做了约半年的整社工作。我们的组长毕秉鉴是老党员，曾任延安市市长。他为人忠厚老实，工作特别踏实，政策理论水平较高，能坚持原则，坚持实事求是。驻村相处约半年，我从他身上学到了不少东西。整社工作尚未结束，我们就奉命调回部里做其他工作，遗留问题交县工作组继续完成。

（5）1958年冬随二处处长王录（注：原处长李友九已调红旗杂志社任副主编）、综合科科长张其瑞，赴河南省襄城县双庙公社调查人民公社经营管理问题。我着重负责调查分配方面的工作。当时开座谈会，农民的情绪是积极的，对吃的也比较满意，但是他们也有不少意见，普遍认为确实是丰收了，但许多庄稼丢在地里没收干净，因为劳力被调出去炼钢铁修水利去了。他们说："现在食堂吃得挺好，就怕好景不长。"那次调查在王录的指导下，张其瑞写了劳动管理，我写了实行工资制和供给制的几个问题。经王录详改后，登在《农村工作通讯》上。到中央农工部工作后，我有幸在他的直接领导之下，他进一步教我如何做人、如何读书、如何调研、如何积累资料、如何整理材料（从如何分析、归纳、列提纲到起草文稿）等。他不惜精力，尽量帮助我把文稿写好（对别人也是如此）。他的好学对我们这些下属影响很大，那时每天早起都读一个多小时的书，马列、毛选他早就读完了，鲁迅全集在20世纪50年代中期就读完了。我们这些年轻人也学读书，在处里形成了良好的好学风气。

（6）1959年五六月间，随裴润副处长到辽宁省熊岳城、普兰店等地调查人民公社的经营管理工作。我们在新金县普兰店公社召开社员代表大会期间，专门对公共食堂问题做了调查，写了调查报告登在《农村工作通讯》上。裴润是山西人，对党忠诚，对人诚恳，平等待人，对工作认真负责。他有丰富的农村工作经验，善于调研和写作。他好读书，每次下乡都带着书，挤出时间读。我是在他的影响下，读《孙子兵法》和《钢鉴易知录》等书的。

（7）1959年7月随王录到河北省遵化县西铺大队（原王国藩社）

进行调查。我们感到这里的生产生活情况都很好，王录写成《王国藩社生产情况一直很好》一文，受到毛主席的重视。毛主席批示说："请各省、市、区党委负责同志将王国藩人民公社一篇印发所属一切人民公社党委，并加介绍，请各公社党委予以研究，有哪些经验可以采纳的。据我看，都是可以采纳的。第一条，勤俭办社；第二条，多养猪（不养猪的回民除外）；第三条，增殖大牲畜；第四条，增加大农具；第五条，食堂办法；第六条，工作踏实，实事求是；第七条，有事同群众商量，坚持群众路线。这些都是很好的。我想，每个专区总可以找到一个至几个办得较好，如同王国藩那样的公社，请你们用心去找，找到了加以研究，写成文章，公开发表，予以推广。"后来王录把这编文章改写成《农村生产的榜样——关于王国藩社农业全面跃进的调查》，署名予明，登在《农村工作通讯》1959年第15期上（注：予是王录笔名禾予的简称，明是我的名）。

（8）1960年春跟裴润赴湖南韶山村调查，主要了解农业生产、农民生活情况和农村经济政策落实情况。我是第一次到这里来，我们首先以景仰的心情参观了毛主席故居，了解主席青少年时期的学习、劳动、生活和革命的事迹，观看毛主席领导中国革命和建设的历程展览。我还专门读了介绍毛主席事迹的书。驻点调查约十天。这里的农民还有饭吃，但是比较紧张，吃肉甚少，连辣椒也少见。食堂里的人说，有辣椒吃就算过年了。生产还能维持，但扩大再生产困难较多。裴润亲自写了调查报告上报。

（9）1960年9月，邓子恢带工作组到山西汾阳万年青人民公社住了两个星期，重点调查了两个管理区，然后又到河北石家庄郊区铜冶公社住了一个星期，重点调查了铜冶大队。他轻装简从，走家串户，同基层干部社员、党员、老农开座谈会，察看农田、水利工程、队部、食堂等，接触许多群众。最后向中央写了《山西、河北两个人民公社三个基本核算单位的调查》。9月底，他继续带工作组直奔江苏无锡，住了20多天，深入一个公社的几个基本核算单位进行调查。当调查告一段落时，邓子恢对工作组的同志说：现在人民公社内部矛盾很多，有的很尖锐。如果搞个条例，能把现有处理人民内部矛盾的方针、政策、办法归纳起来，使之条理化、规范化，公布于众，这对纠正农村工作中的错误、稳定农民生产情绪、发展农村经济，将起到重大作用。大家同意他的想法。于是便着手起草《农村人民公社内务条例》。起草条例主要由王录执笔，我有时清抄条例草稿，有时参加讨论；还根据领导研究问题的需要，到队、户做些典型调查。在起草条例的过程中，邓子恢将华东七省市的农村工作部长请到无锡参加讨论和修改，形成了《农村人民公社内务条例》40条。后又经过40多天的修改，吸收了各有关方面的意见，最后形成了14章66条的《人民公社内务条例草稿》(修改稿)，于1960年12月25日，以中央农村工作部的名义上报党中央，这个条例成为中央起草《农村人民公社工作条例》的重要参考文件。

（10）1960年冬，随裴润同志赴河北省考察农业生产、农民生活和农村纠"左"政策落实情况。当时农业生产大降，农民生活非常困难。从省到地县社，我们看到的是，他们最主要的工作是解决农民吃饭的问题。当地领导正在召开吃饭大会，介绍如何瓜菜代，如何将红薯秧、玉米轴、麦秸等与粮食掺合在一起做烙饼、窝头等。我们也参加过吃饭大会，吃了这种烙饼、黑窝头等，虽然能抵一阵饿，但大便困难。那时工作队队员在地里碰上一个冻萝卜，拾起煮一煮也算生活小改善。我们的主要任务是下乡到队户调查，去的是最困难的地方。我记得我们去的一个村，连车道沟也不见了，食堂里找不出一副完整的担挑水桶，那种破烂的村貌，人们脸的颜色（像很长时间没洗脸似的）和一些人浮肿的状况，令我们吃惊。在一个公社，听公社书记汇报说，有一个村吃粮特别困难，许多群众浮肿，有些饿死，支部书记感到自己身为共产党员也不能解决群众的困难，很悲观，于是跳井自杀。笔记本留言大概是：群众太困难了，我无力解决，对不起群众，祝早日渡过难关，共产党万岁，毛主席万岁。这次调查给我们的震动最大。裴润同志写报告上报。当时毛主席非常重视这一问题，除认真总结经验教训，进行自我批评和纠"左"反五风和提出根本措施外，还带头勤俭节约，甚至不吃肉、不跳舞，深入农村想方设法帮助群众渡过困难，争取以最快速度恢复和发展生产。制订的《农村60条》，就是为此目的。从干部作风上看，大多数能仿效中央领导，同群众同甘共苦，共渡难关。"群众挨饿，干部也浮肿"，就是最好的证明。正因如此，农民这种困难状况，从1961年下半年开始好转，到1965年恢复到历史最高水平的1957年生产水平了。

（11）1961年初，我奉命与生产处的曾源同志（女）到河北省遵化县建明公社西铺大队去做粮畜关系的调查，总结他们的经验。我们在村里住了约十天，访问了王国藩等主要干部与部分农户，参观了田、村面貌和展览，找了会计查看有关资料，召开了多次座谈会。这个大队从合作社时期到调查时，粮食一直稳步增长，在面上吃粮普遍紧缺的时候，他们粮食不但够吃，个人与集体都有储备粮。其主要原因是：随着粮食增产，养猪等畜牧业也发展了起来，畜多肥多，又促进了农业生产的发展。粮食生产与畜牧业相互推动，相互促进。特别是在发展畜牧业和改良土壤上，他们有一套完整的经验。而与西铺大队仅隔一条路，自然条件相同的东铺大队，近几年粮食生产和畜牧业都有些下降，他们没有执行党的公养与私养并举的养猪方针，致使农家肥很少，造成减产。回部后，由我整理成《西铺大队粮食生产与畜牧业相结合的调查材料》并上报。后来红旗杂志编辑部在文字上进行压缩，把题目改为《一个实行粮食生产和畜牧业并举的生产大队》，刊载于《红旗》1961年第8期。

（12）1961年4—5月，随廖鲁言副部长（兼农业部部长）、农业部办公厅主任吴振、农村工作部办公室副主任赵璧等，赴山西省长治地区进行比较全面的农村调查。廖部长秘书施智也参加了。这次调查目的是修改60条草案。现在还有印象的是曾住在小宋大队，廖部长带领调查组坚持三同，那时粮食还比较紧张，食堂净是喝稀饭。地区陈国宝同志详细介绍了政治、技术、生产三结合的经营管理经验。我们还到壶关等地调查手工业生产等情况。廖部长很善于调查研究，自列调查提纲，边问边讨论边记录，是他的习惯。他分析概括水平高，善于整理材料、起草文件和写文章，是有名的江南才子。这次调查约月余，部长亲自写了调查报告，直送中央。

（13）1961年8—9月我随邓子恢、金少英、裴润等同志赴黑龙江省考察国营农场，邓子恢秘书边入群也参加了。在牡丹江时，邓子恢深入场、队访问干部和工人，召开座谈会。邓子恢特别注意了解生产队的生产和农场工人的家庭生活情况。我们按他的要求做些典型队、户的调查，及时供他参考。我记得在农场的干部会议上，他从实际出发，提出调整国营农场体制和"混一色"经济等新鲜的理论。他指出，国营农场不同于工厂，应从农业生产特点出发，贯彻"以粮为纲，农牧并举，多种经营"的方针，实行三级（指总场、分场、生产队）管理、三级核算和三包奖赔等制度；生产队应完善四固定，总包干奖赔，超产分成，实行季节包工或小段包工以及定额管理、评工记分等一套生产管理制度。还指出生产队也应有部分所有制，在完成包产任务后，可以开荒，过三年再纳入场里计划。农场职工也应分配自留地，也可以搞家庭副业。1961年8月19日他在牡丹江垦区听汇报时说："过渡时期不要清一色，要混一色，这样好。全民所有制肚子里还有小私有、小集体。这不是资本主义。资本主义国家里的集体所有制是为资本主义服务的；社会主义中的小私有、小集体是为社会主义服务的，是社会主义全民所有制的补充，有了就活了。"这次调查结束时，邓老让我回家看看群众的生产生活情况，顺便调查一下国营农场的情况。陈兰同志（邓子恢夫人）很关心我，还为我准备了路上的食品，令人感动。那次回家我看望了叔父一家，在乡下当农民的叔伯妹妹家住了两天。他们在困难时期，粮食虽然有些紧张，但并未挨饿。因为东北地面大，秋收后可以到地里拣麦子、土豆、豆子等。到冬天实在没办法时，就刨雪地里的冻土豆作淀粉吃。我对县里的农场也进行了调查，回部后，邓子恢亲自听取了我的汇报。

（14）1961年国庆节后，我和柯克明同志随廖鲁言同志，赴河北省遵化县西铺大队做调查。

（15）1961年冬，我又随廖鲁言和裴润、张其瑞、施智等同志，赴江苏苏州等地做调查，主要研究如何恢复农业生产等问题。

（16）1962年春夏，随农业部关局长等赴吉林省做调查。主要调查农业生产恢复问题，落实60条情况等。具体内容记不起来了，包产到户可能也是一个调查题目，但这里并不存在这个问题，只是部分农民有盲目扩大自留地、小开荒和放高利贷等行为。我过去认为"包产到户"是小农经济的回光返照，但是在这次下乡回来后，我了解到对包产到户的各种议论，又看了一些材料，感到如果加强领导，保证在土地集体所有、实行统一分配条件下的包产到户，应该是集体经济组织一种初级的经营管理形式，可以在少数困难地区实行，作为恢复生产力的一种权宜之计。同时认为，如果不加强领导，这种形式也有滑向单干的可能。

上述这16次调查，除了1961年初西铺大队调查外，都是随领导同志去的，所以从领导、同事和广大基层干部和群众身上学到了许多东西。

我想专门谈一下邓子恢对我的影响。前述跟邓子恢出过三次长差，亲眼看到他在农村的调查研究中的工作作风，重温他的有关著作，深深地感到邓子恢是把马列主义、毛泽东思想与中国农业社会主义改造和农村社会主义建设紧密结合的楷模，是实事求是透彻地研究当代中国农村经济，尤其是农村合作（集体）经济及其经营管理的先驱。邓子恢曾被误认为"是搞单干的"，"只搞民主革命，不搞社会主义"。不，不是这样的，恰恰相反，他是全心全意关心人民群众利益，积极稳步而健康地引导农民组织起来走向社会主义共同富裕康庄大道的表率。

邓子恢值得我们学习的东西很多。首先要学习他那种大公无私、不顾个人安危、为党为民坚持真理的高尚品德。1955年他坚持加强领导，稳步前进，反对冒进，切实把合作社办好的努力，被错误地批判为犯了"小脚女人"式的"右倾机会主义错误"后，他仍带病积极坚持工作，在如何办好合作社上下大功夫。一方面，他对全国实现了农业合作化，基本完成了农业的社会主义改造，做了充分的肯定和高度的评价；另一方面，他根据深入调查研究的结果，提出一整套纠正错误减少损失、充分调动社员生产积极性、发挥合作社的优越性的建设性意见，许多都被中央采纳。他的《论农村人民内部矛盾和正确处理矛盾的方针办法》一书，对国家与合作社的矛盾、合作社的内部矛盾、合作社与合作社的矛盾等，以及解决问题的方针方法进行了深刻而具体的阐述，为进一步巩固农业生产合作社起了指导性作用。在他被批判后的11月5日，中央撤销了农村工作部，邓子恢调管银行工作。但他仍关心农村工作，在可能的范围内，继续研究如何进一步搞好集体经济工作，并且有了新的意见，并及时向中央报告。他在广西参加"四清"运动期间，一再强调要搞好生产就要推行生产责任制。他坚信自己的主张是合乎客观实际的。有一次他跟秘书刘蓬勃说："中国总有一天要实行生产责任制，不信咱们打赌。"几十年的实践证明，尤其是党的十一届三中全会后全国普遍实行了以家庭承包经营为基础、统分结合的双层经营的农村基本经营制度，取得了举世瞩目的成就，证明了邓子恢的远见卓识。

其次要学习他关于农村工作的思想和实践。他对农民有深厚的感情，对我国的农业、农民、农村有透彻的了解。他提倡要引导农民逐步、健康地走向组织起来发展生产的共同富裕道路，但要从小农经济的现状出发稳步前进，保证把互助合作办好。要坚持自愿、互利、民主办社和勤俭办社的原则，要搞好生产和少扣多分，保证90％以上的社员增加收入。

最后要学习他注重深入调查研究、实事求是、密切联系群众和充分发扬民主工作作风。深入最基层进行调研，已成为他的工作基础，也是他真知灼见的主要来源。他以小学生的态度，虚心向群众请教，尽可多地做解剖麻雀式的典型调查。

四 在国务院农林办公室工作的前四年

（1962年11月至1966年秋，其中在党校理论班学习一年多）

北京市万寿路10号（北门在万寿路西街），现为复兴路61号（南门在复兴路上）机关，早在1953年以后就是一个单位两块牌子，即中共中央农村工作部，部长邓子恢；国务院农林办公室，由国务院副总理邓子恢兼主任。1962年11月5日摘掉了中共中央农工部的牌子，保留国务院农林办公室的牌子，由谭震林副总理兼主任。工作机构没多大变化，各处改为组，我们二处改名为公社组，任务未变。组长开始仍是王录同志，后来干部交换，王录先后调到山东省委和中央办公厅工作，山东省委秘书长谢华调京接任组长，副组长仍然是裴润。组下分两科，综合科科长张其瑞，经管科科长王涵之。后来谢华调任中央农林政治部秘书长，裴润为公社组组长，王涵之、牛启年为副组长。我仍在综合科工作。职务由干事改名为科员（工资级别仍为1956年定的16级，因1963年全年都在党校学习，故未升级）。

我在农办工作共八年，前四年我除了做好机关日常工作外，主要是上党校学习、下乡调查和搞了三期"四清"；其余四年半是参加机关的"文化大革命"。

1962年冬到1963年底我在北京市委党校理论班学习一年。这是我参加工作以来，第一次脱产系统地学习马列主义、毛泽东思想的基本理论。我边学理论边联系实际，以严格要求的态度自查了"右"或"左"的思想影响和思想方法上有时出现的片面性、表面性和主观性的问题，使我的理论、政治和思想水平与党性修养等方面，都有了较大的提高，进一步牢固树立了无产阶级世界观和全心全意为人民服务的人生观。

1964年三四月我随张其瑞同志到浙江省调查贫协条例问题，还记得在杭州，张其瑞曾向田家英同志进行过汇报。田家英带的调查组和我们调查组都住在杭州西泠饭店，修改《中华人民共和国贫下中农协会条例（草案）》。

大约1964年春夏，随谢华、牛启年同志到贵阳，参加钱瑛率领的中纪委调查组，调查贵州省委问题。除随钱瑛调查外，我被分配去毕节地区的调查组，现在还能记得的是到山里的一个村子调查。

1964年国庆节后，我奉命随廖鲁言部长到河北省石家庄搞"四清"。廖鲁言同志化名鲁元，兼任石家庄地区地委书记、"四清"工作团总团政委。我随他从头到尾搞了三个村的大"四清"。历时两年。这两年在廖鲁言同志的领导下工作，使我的政治思想水平和写作能力都有很大提高。从我个人来说，三个村的"四清"工作对我教育很大，使我对华北农村的生产、经济、农民生活习俗等有了较深的了解，是我一生中第一次深刻地了解了华北地区旧社会地主、官僚、日寇对农民、奴仆的剥削、压榨是多么的残暴，第一次系统地了解到投机倒把的数不清的花招，使我进一步体会到如何把农民这个自在阶级引导为自为阶级的艰巨过程。

1965年秋大石桥"四清"结束，工作队转移到栾城县方村队，方村的"四清"进行到一多半时，又转移一部分力量到该县楼底大队搞"四清"。到1966年秋，方村已基本结束，楼底也进行到一大半时，我奉命回京。"四清"末了之事，由剩下的工作队同志扫尾。

五 "文化大革命"中后期的七年多
（1971年5月至1978年6月，一直在农林部工作）

从1967年7月到1971年4月期间，当时组织分配我主要搞过三项工作，一是参与搜集大批判资料；二是1968年3月大联委派韩治中同志和我到大寨参观学习；三是参加专案组工作。这项工作，一直做到1971年5月我被调到农林部。

1971年5月至1978年6月，我一直在农林部工作。开始分配我到农业组调研小组工作。农业组负责人是郑重同志（开始是周密和郑重，很快周就被调离），调研小组负责人是张余三同志。级别高的调研员有史向生等同志。禤树仁同志等也在这个小组工作。1973年农业组改为农业局，局长为郑重。局下设有公社处，处长是张其瑞，我为副处长。后张其瑞调任社队企业局任副局长，调来张汉英任处长。1978年6月又将公社处与政研室合并，称为政策研究室，也称人民公社局（一个单位两块牌子）。我与禤树仁为该室三处的正、副处长。三处主管人民公社的财务管理和收益分配的业务。

这七年多和以后到我离休时，全部的工作笔记和积累的文字资料，都保存在农业部经管站的一个办公室内。在我离休后，部里多次搬家，这些资料全部丢失了。所以只凭记忆和找些参考资料帮助回忆，有些事件特别是时间只能记个大概。

这七年多的工作大体分两段，一是在调研小组阶段，二是在农业局、公社局（政研室）阶段。

在调研小组工作阶段，是1971年5月至1973年。刚调到农林部后的第一件事就是由军代表带领我们新调来的同志到大寨学习。陈永贵等亲自会见了我们，并讲了话。安排是听取大寨经验的系统介绍和到有关村参观访问。我在1968年来大寨学习过的基础上，又重新进行了学习，收获较大。

调研小组平时看材料，汇集全国农业学大寨等情况。我记得那时主要是了解贯彻全国计划会议简报第三期《当前农业学大寨运动中一些问题》的情况。分配我和禤树仁同志着重搜集人民公社经营管理和收益分配方面的情况。小组长张余三和禤树仁根据他们掌握的大量调研材料，起草了《关于农村人民公社分配问题的指示》，经组、部审改，报中共中央审查后，以中共中央的名义于1971年12月26日下发全国执行。此件要求力争增产、增收，解决分配不兑现和严重的平均主义等问题。并指出"学大寨劳动管理办法，不可硬搬照套"，重申"不要把党的政策所允许的多种经营当作资本主义倾向来批判"。

这两三年我几次跟随领导同志下乡做调查研究工作。调查内容，无非是学大寨进展情况，群众的生产生活、集体经济经营管理和收益分配等情况。

在农业局、公社局（政研室）阶段，是1973年至1978年6月。1973年农林部将农业组改为农业局，局下设公社处。做的很重要的一项业务是基础建设，即在领导支持下恢复了年终收益分配报表的汇总工作。因为这是农村、农业、农民基本状况比较全面、可靠的情况反映。那时要求统计数字都是从生产队会计账面基础上统计上来的，农作物产量是用秤一斤一两称出来的，即几元几毛钱都是实际收到的。所以我们公社处与各省市区经营管理部门一起努力，认真抓，才恢复了这项工作。

在"文革"中，发出首份此类内容的简报是《一九七二年农村人民公社收入分配情况》，载在1973年7月17日部办的《农林情况》增刊第20期上。该简报除了肯定成绩，重点提出了生产费用剧增、非生产性开支浪费大、财务账目混乱和集体社会负担重等问题。从1972年起到1988年我离休时，一直坚持搞全国每年收益分配汇总并出简报工作，我离休后仍在坚持。此项工作对各个社队改善经营管理、提高经济效益，起着不可替代的关键性作用；对各级领导掌握农村经济发展状况，抵制"左"的干扰和浮夸之风，做正确的决策，也起着非常重要的作用。在这项具体工作中，公社处抓得早、贡献大的是襕树仁和郭宗岳等同志。

1973年冬随沙风部长去唐山地区搞知青工作调查，当时的名义是国务院调查组。这次是在毛主席1973年6月10日给李庆霖的信印发全党后组织的。被调查的干部群众在肯定知青成长进步的基础上，还反映迫切需要解决的问题。主要是，孩子们插队后生活困难较多，还有少数女孩子被坏干部糟蹋。在一些问题多的地方，有办法的"走后门"返城，没办法的忍着，个别的则采取自杀以示抵抗。我们把这些问题都及时上报了，深盼中央能早日解决。后来听说处理了一批坏干部，但有权有势的人一直没断过"走后门"返城，在许多青年心灵上打上了"这年头太不公平"的烙印。

　　1975年9月15日至10月15日中共中央、国务院先在昔阳，后在北京召开了全国农业学大寨会议。1976年12月10日至27日在北京召开第二次全国农业学大寨会议。这两次会议的共同点都是通过推动普及大寨县促进农业生产力的发展。第一次学大寨会议开幕式是在大寨大队举行的。大会发言中，喊得最响亮的口号就是"大批资本主义，大干社会主义"。第二次学大寨会议是在批判"四人帮"的情况下举行的。这两次学大寨会议，从筹备到会务工作，由一个较强班子组织。具体主持工作的有沙风、杨立功等，工作人员有郑重、项南、谢华、裴润、赵璧和有关部门抽调的一些人员，林乎加同志也参加了一段，主要搞修改农村60条工作。于光远、孙尚卿同志也来做过"资产阶级法权"等理论问题的报告。参加这两次会议工作的时间前后有半年多。如加上跟随沙风、杨立功、张余三、张汉英等会前到山西、宁夏等地做调查，则历时一年左右。

　　后来中央对农业学大寨做出了历史性结论，清除学大寨中"左"的错误影响。尽管如此，我国农业生产力经过农业社会主义改造和建设，经过农业学大寨、学红旗渠的自力更生改变落后面貌的精神，有了很大的发展。据1978年统计，我国有效灌溉面积已达6.75亿亩，比旧中国几千年来水利建设留给我们的2.4亿亩灌溉面积，增加了1.8倍；粮食总产量由建国前最高水平（1936年）的3000亿斤，增加到6095亿斤，增加两倍多。当然，由于"左"的影响，多种经营开展很差，集体负担过重，加上管理不善、损失浪费严重、贪污盗窃时有发生，所以社员收入长期得不到提高。据统计，1978年每个社员只能从集体分到74.67元（其中谷物折价占大部分）。

1976年八九月间，北京地震后，我和禤树仁同志仍按地震前郑重局长布置我们到江苏省华西大队做蹲点调查，重点了解他们学习大寨劳动管理的经验。我们在华西大队蹲点一个多月，终于弄明白了他们的经验。进村后吴仁宝支部书记给我们介绍了华西情况，着重讲了他们是如何学习大寨用毛泽东思想统率劳动管理的经验。但是我们似懂非懂，于是请求他们允许我们跟他们同吃同住同劳动。特别是同劳动，他们几点钟上工、下工，我们也跟他们几点钟上工、下工。那时天很热，每个支委带领一个组分头作业。各组争着早出工，有的三四点钟就出工。中午吃食堂，吃得挺好。开饭前每桌都放着洗干净的西红柿和西瓜，社员们来了边吃水果边休息，然后开饭。每天派活的是一名非常熟悉田里情况的农技员。支委们每人带一个组，听他分配活，按质按量完成任务的就可以早收工，没完成的加班加点也要在当天完成。我们分析，这是严格的定额管理制。但那时"定额管理"被当作资本主义批判，所以他们只叫完成工作任务。而且展开竞赛，质量好、数量多、进度快的得奖。蹲点结束后，我们写了一个详细报告介绍他们的经验。可惜我手头存稿已全部丢失了。

在1977年春节后，沙风部长率领农林部学大寨工作队，到四川等西南各地蹲点，具体由郑重等同志负责。该工作队又派三人（赵汝霖、谢大发和我）去贵州，由我任组长，作为部工作队一个联系点。我们3月4日到贵州，正赶上省召开四级（省、地、县、区）干部会。于是我们先参加了这个会议，该会从2月25日开到3月8日，共计12天。会上新来的省委第一书记马力，传达了华国锋主席对贵州工作的指示，省委书记李葆华同志做了《揭批"四人帮"普及大寨县》的工作报告，以贯彻全国第二次学大寨会议精神。经与省里商定，我们到黔南自治州独山县蹲点，入驻翁奇区拉林公社迎春（原称拉卷）大队蹲点。据县里介绍，它能代表全县多数队的情况。我们一方面帮助村里学大寨，另一方面了解观察省地县普及大寨县经验的进展情况。

迎春大队有290户，1700口人，12个生产队（基本核算单位），是全社最大的一个队，自然条件较好，有2300亩耕地，其中水田就占了2019亩。拉卷生产队是个先进队，还有20%户连布票、棉花票都不能如数买回。坎山生产队每日工分值只有两角三，粮食（稻谷）亩产只有300斤，人均负债100多元。我们进村遇上的经常性问题，就是解决部分户吃粮困难问题。我们和县工作组一起做的这些工作，都是在发动群众，批判"四人帮"，批判"三反一砍"，推动学大寨的情况下进行的。我们帮助各队增加生产节约开支，搞好评工记分、定额记件，小包工等经营管理工作。在大批判中，我们注意贯彻中央有关政策。我们到县不久就了解到，独山县对自留地限制很严很死，而且实行"三地代耕"。所谓"三地"，是指自留地、饲料地和个人开的小片荒地，"代耕"是指集体代耕。对这些，基层干部和广大群众意见很大。我们及时向县委提出，建议按着群众意见加以改进。

我们调查小组根据上级指示，约于1977年10月撤回。我回来后参加了部在平谷召开的全国人民公社经营管理工作座谈会。会上集中讨论了如何加强经营管理工作，着重研究解决增产不增收、多劳不多得、分配不兑现的问题。会议强调要"加强集体生产责任制，实行定额管理"，"认真搞好劳动计酬，反对平均主义"和"实行合理的奖励制度"等，还要求解决好开支大、成本高和非生产人员和非生产用工过多等问题。1978年2月5日至15日，农林部张根生副部长应邀到西安参加肖华同志主持的西北地区农业工作会议。会议讨论如何解决农副产品供应不足和农民生活困难等问题。西北五省、区一把手参加了会议。林干同志和我，作为张根生同志的随员参加了会议。我们除了听大会，还参加小组会，并做些个别访问，搞些参考资料，供张根生同志参考。

1978年6月至1979年2月，我们公社处并入农林部政策研究室后，除做日常工作，主要学习十一届三中全会精神，力求肃清"左"的思想影响，为开展农村改革做准备。

六 改革开放时期

（1978年至1988年，其中在农业大学、农经学院和部办的业务干部培训班学习一年半）

（一）学习中央文献和业务基础知识，提高农村改革的自觉性

1978年6月至1979年3月，我在农林部政策研究室（另外一块牌子称人民公社局）三处工作。当时主任（局长）为谢华，副主任（副局长）有赵璧、王涵之等。我与禤树仁任三处正、副处长，主管人民公社的财务管理和收益分配工作。1979年3月至1982年5月我在农业部人民公社局工作。局长是赵璧，副局长是霍俊峰、王涵之，后来赵璧离休，霍俊峰为局长，王涵之为副局长。我开始是该局的

三处处长，襧树仁为副处长。1981年5月我与崔振东被提为副局长。1982年5月机构改革时，把农业部改为农牧渔业部，并因编制单位、人数的限制，硬把人民公社局和社队企业局合并，成立了乡镇企业局和全国农村集体经济经营管理总站（1984年改名为农牧渔业部农村合作经济经营管理总站）及全国乡镇企业联合服务总公司。

我们经管总站大都是政策性很强的行政性工作，与省、地、县行政性经管部门关系不顺，难以进行工作。1984年6月26日由中央书记处农村政策研究室、农牧渔业部联合发出通知：由农业部农村合作经济经营管理总站"承担原人民公社局的工作任务"。部里为了加强对这三个单位（一个行政和一个事业、一个企业）的统一领导，设立了乡镇企业局分党组。开始时，分党组书记和乡镇企业局局长由原副部长王常柏担任，副局长、副书记有赵璧、霍俊峰等。崔振东、我和其他同志为分党组成员。崔振东为乡镇企业总公司经理，霍俊峰兼经管总站站长，我与襧树仁、包维和（很快被调到乡企局）、张毓琮为副站长，富文业为总站的总农经师。开始时让我帮助霍俊峰掌管全面工作，1984年10月，霍俊峰离休，便让我主持全站工作。1984年由马杰三接任分党组书记职务。我于1988年4月16日晋升为高级农经师。1988年秋，以正局级待遇离休。

这一阶段，正值改革开放的开创时期，在农村改革先迈出一大步的情况下，城乡各领域的改革纷纷出台，新事物不断涌现，推动着国民经济的迅速发展。这就要求每个干部的政治思想水平和业务能力都要相应的提高。我反复、认真地学习了党的十一届三中全会精神，学习了《中共中央关于建国以来党的若干历史问题的决议》《邓小平文选》《陈云文选》、十二大和十三大文件，以及党对农村工作的中央全会决议和五个一号文件、一个五号文件（即1982年至1986年的中央一号文件和1987年的中央五号文件）等。边学习、边联系实际，继续清除"左"的错误思想对我的影响。

1978年以来，一些地方相继推行"双包"（包产到户、包干到户），开始我不太理解，经过学习和深入调查研究，才逐步有了理解，进而有了较深的理解。我过去从完善生产关系考虑的多，改革后经过进一步学习中央有关指示，学习生产要素优化组合、资源合理配置和系统工程等理论，使我着重从持续发展生产力基础上兼顾完善生产关系考虑问题，因此思想有了新的飞跃。社会主义农业集体（合作）经济，从本质上讲，它的经济效益不但应比个体经济高，还应比富农经济高。但在实践上相当一部分社队做得不好，因而农民的人均生活水平长期得不到提高。我认为主要是由以下两方面原因造成的：一是完成农业合作化过急，还未得到巩固，又急急忙忙地实行人民公社化，引起了"一平二调三收款"的共产风。尽管下大力做了大量工作进行纠正，但未能找到适合我国农业生产力持续发展的农业集体（合作）经济组织的有效实现形式，接着又受到"文化大革命"的严重干扰。二是在"左"的指导思想长期影响下，许多限制农业生产和农村经济全面发展的"左"的具体政策，严重挫伤经营单位和广大农民的生产经营积极性。

广大农民为了增加收入、改善生活，首先创造了"双包"。经过中央将其提高为农业集体（合作）经济组织的家庭联产承包责任制，也就是以家庭承包经营为基础、集体统一经营和社员分散经营相结合的双层经营体制。这种家庭承包经营的生产责任制和统分结合的双层经营体制，把压抑二十多年家庭生产经营的积极性重新调动起来，同时继续发挥符合生产力发展的集体统一经营的优越性。这种统分结合的经营体制，一方面，把适合农户经营的耕地等绝大部分生产项目承包给社员户长期承包经营，最充分地调动他们的生产、经营积极性。另一方面，把社员户生产、经营需要的而又无力完成的生产经营项目，由集体统一经营层次帮助完成。这些项目应是对其所有的公有土地等自然资源进行全面规划，对山、水、田、林、路、电、村等农村基本建设工程和兴办集体企业，以及向社员承包户提供机耕、排灌、植保、良种、畜禽、防疫、护林、防火，以及生产资料供应、农副产品销售等生产经营服务。这些都是改善生产条件和生态环境、增强抗灾能力，推广新技术、沟通经销渠道和保证广大社员户普遍增产增收的措施，起着极其重要的作用。这项改革，是对集中统一经营的单层经营旧体制的扬弃和创新。这种双层经营体制产生了比人民公社旧体制、个体经济、富农经济要高得多的经济效益。因此它是现阶段我国大多数地方农业合作经济组织，即社区合作社发展生产力最合适的实现形式，是促进我国粮食及其他各业生产持续增产、繁荣农村经济、不断增加农民收入、加速实现小康社会、建设社会主义新农村和逐步实现共同富裕的一个重要载体。这种以家庭经营为基础、统分结合的双层经营体制，在农业合作史上是一个崭新的、伟大的创举。所以中央一直把它作为农村基本经营制度，对其坚持稳定、完善和发展。

在实行了家庭联产承包责任制的同时，国家还取消了前述那些"左"的限制生产、挫伤农民生产经营积极性的政策，家庭完成承包任务绰绰有余，而且越余越多，农民便将剩余劳动力向外出打工、个体经营、专业合作经营、私营企业经营等方面发展。于是农村出现了以农村集体经济（即社区合作，含家庭承包经营、集体统一经营和集体企业）和专业合作经济为主，与个体经济、合伙经营和私营经济等多种经济形式共同推动着农村经济全面发展的新格局[1]。

1979年6月下旬至7月上旬，我随李友九副部长赴朝鲜考察合作农场和国营农场的经营管理。团长李友九，副团长刘铬西和王涵之。考察团下分合作农场组和国营农场组。合作农场组的成员有李武、崔振东、张毅、包维和、罗蜀华、范林、王毅和我。国营农场组由农垦局的一些同志组成，在朝约十天。这一行人都有丰富的农村合作经济和国营农场的经营管理实践经验和较高的业务水平。我们合作农场组除了在平壤听朝方介绍，重点是考察了八个合作农场。工作行程安排得很紧，一般是上午和下午到合作农场考察，晚上在宾馆里汇报和整理材料。朝方很配合，让我们考察的合作农场，把他们的最高机密——收益分配表和资产负债表拿给我们看。所以我们取得的资料比较可靠。访问结束后，回到丹东，又用几天研究和整理材料。整理了考察报告并附有八个合作农场典型调查材料，还附有七个合作农场的基本情况、收益分配、粮食分配及四个合作农场的生产费购成、资金平衡表等五种调查表。

这次是我在职期间唯一的一次出国工作考察。尽管朝鲜是邻国，但也开阔了我的眼界。朝鲜合作农场经营管理方面的经验，有不少值得我们借鉴的地方。当然我们看的都是比较先进的，但从整体看，他们的特点是农村政策各项经营管理制度一直比较稳定，未受到过"折腾"，干部群众也易于贯彻执行。

---

[1] 这些体会详见1986年12月我写的《稳定、完善联产承包责任制，促进农业生产持续发展》的学习笔记和1989年7月我写的《在土地公有制基础上实行农业生产要素的优化组合》一文。

（二）我们所做的具体工作

这十年我的主要工作是深入调查研究，努力当好部领导指导全国农村集体（合作）经济经营管理工作改革的助手。1982年初以前，主要抓好全国农业集体经济组织的财务管理、收益分配和会计辅导等工作，和对整个经营管理工作的深入调查研究。1978年1月我和襁树仁等同志写简报，系统地揭露了人民公社长期存在的"增产不增收，多劳不多得、分配不兑现"等严重问题，并探讨扭转集体经济薄弱、经营管理混乱的途径。1979年向霍士廉部长和主管副部长李友九汇报了这个严重问题，得到了部里的重视。我们还深入、反复地对联产承包制等生产责任制进行调查，总结经验发现问题，提出解决问题的意见，引起了有关领导的重视。

1982年5月至1988年秋我离休，我们农经总站主要做了以下一些工作。

1. 推动全国农村合作经济经营管理工作的改革

这包含农经工作的变化、改革和经管工作指导思想的形成等。在全国大多数地方推行"双包"的家庭联产承包责任制，农村经济发生了根本的变化，原来的经营管理的工作体制、内容、方法等都不合适了。因此我着重探索如何改革经营管理工作的问题。

第一，在经营体制上，已经由三级所有队为基础的人民公社统一经营的单层经营体制，改变为农村集体经济组织（即社区合作社，下同）实行以家庭承包经营为主的社员分散经营与集体统一经营相结合的双层经营体制。还出现了个体、合伙、私营、专业合作和其他联合等多种经济组织。这就要求我们的工作对象由单一的农村集体经济组织变为以农村集体经济组织和专业合作社为主，并兼顾农村其他各种经济组织，并要求彻底改变过去"四大管理"（生产、劳动、财务、物资的管理）加分配的经管工作内容。

第二，在经营目的上，由盲目追求"一大二公三纯"，变为采用新技术，改革经营管理，大力提高经济效益。各个单位都处于经济效益高低竞赛之中，唯有经济效益高的才能发展得快。经营管理工作者应该及时总结，经济效益高的单位在确定经营决策，合理地组织土地、其他自然资源、劳动力、资金、技术、管理等生产诸多要素的优化组合，和做好政治思想工作与加强领导等方面的经验，加以推广，以提高整个农村各经济组织的经济效益。由此，我站的工作目的更加明确，工作任务更加繁重。

第三，在生产经营的结构上，由单一经营农业向多种经营发展。农业生产内部，由单一经营粮食向粮食、经济作物、林业、畜牧业、渔业和副业等多种经营发展。同时向农、工、运输、建筑、服务、商业等综合经营的方向发展。这就使我们的工作范围扩大了。

第四，在产品销售和生产资料购买上，日益向市场经济发展。改革开放以来，农村的生产正在由自给自足加完成国家任务向商品经济发展。每个经营单位的生产经营受市场的影响日益扩大。帮助农民发展商品生产，解决劳动力、资金、农产品等剩余问题和买卖难问题，已经成为经营管理工作的新的重要任务。所以经营管理工作者要学会运用价格、成本、利润等价值形式，帮助经营单位学会遵守价值规律和利用市场信息，提高经营管理水平。

第五，经营单位由没有多少生产经营自主权到有了比较充分的自主权。原来的行政性的工作方式和工作体制，已经不适应新形势了，急需改革。要改革为社区合作社、专业合作社和其他经济组织的生产、经营服务为主的工作方式，建立健全农村合作经济组织及其他经济组织的经营管理综合服务组织。

第六，由于商品经济的发展，市场经济影响的日益扩大，县、乡、村及县以上各级党政领导需要及时掌握该地区生产、经济的发展情况和本地、全国甚至国际的农业产销信息，以此作为指导农村经济发展决策的依据。因此经营管理专业干部，不但要成为各级党政指导各经营单位经济发展的助手，还要成为他们指导该地区宏观经济发展的助手。这些，都需要经管干部不断提高业务水平。

以上各项工作的中心是提高社区合作社、专业合作社和其他各种经济组织的经济效益和农民收入。通过深入调研，总结基层干部和农民群众在上述各方面创造的经验，并把上述调查研究和实践所得，写在我的调查报告等文章和由我起草或由我主持起草的有关文件中。有些经营管理部门难以解决的问题，我们也提出了解决意见，及时向上级反映。比如在经营管理指导思想上，如何改革和确定，我们花了较大精力认真反复加以调查和研究。鉴于农村经济的改革特别是合作经济经营体制和分配制度的改革等大的方针政策，主要由农口（国家农委、中央书记处农村政研室）管，我们只是依照这些大的政策方针管一些经营管理具体业务的情况，我们如何确定经营管理工作具体的指导思想，成为当时的重要课题。经过我们与中央书记处农村政研室反复研究，形成了中央书记处农村政研室、农牧渔业部1984年3月19日下发的《试行关于改革农村合作经济经营管理指导工作的意见》的通知。要求各地认真研究试行，并要求在全国经营管理工作会议上提出修改意见。

1985年5月2日至10日农牧渔业部召开了全国农村合作经济经营管理工作会议。各省（市、区）来参会的有农工部、农委、农研室和农牧渔业厅、乡镇企业局的领导同志，与有关教授、专家、经营管理实际工作者等共243人。

我被主持会议的肖鹏副部长指定为大会秘书长（即大会秘书处负责人）。会前我们起草了何康部长报告稿（题为《改革经营管理工作促进农村商品经济和合作经济的发展》），经何康部长审定后于5月2日向大会做了报告。报告后，大家在讨论中，对指导思想意见较多，我们提倡各省（市、区）最好能起草一份关于指导思想的修改稿。肖鹏副部长5月10日做会议总结时，对此是这样表述的：

◎ 经营管理工作是一项涉及面广、综合性很强的工作，也是一个系统工程。所以我们要着眼农村经济的全局，从微观经济与宏观经济的协调、企业效益和社会效益的一致、规模效益和结构效益的结合、商品经济和合作经济的同步发展等方面，来认识和提出我们的任务。经营管理部门必须承担起两方面的责任：一方面，要指导和帮助各种形式的合作经济组织和广大农户，改善经营管理，提高经济效益，增加纯收入，有先有后地共同富裕起来；另一方面，要在宏观经济管理方面，当好各级领导的助手，搞好农村经济的调节和控制，促进农村经济协调平衡发展，提高宏观经济效益。

◎ 依据这样的认识并考虑了大家的建议，对农村合作经济经营管理工作的指导思想的提法，做了修改：农村合作经济的经营管理工作，要遵循党中央关于发展农村经济的方针政策，以经营指导和经营咨询服务为主要任务，以经济核算为基本手段，建设并通过经营管理服务体系，向合作经济组织和家庭经营单位提供生产经营全过程的经营管理综合服务，促进其生产力诸要素的合理组合和流动，以达到不断提高经济效益的目的。在立足微观经济经营管理的同时，要放眼宏观经济的经济管理，把提高经营单位的经济效益和提高社会经济效益、生态效益紧密结合起来，当好各级领导总揽农村经济发展全局的助手；为发展商品经济，完善合作制、实现党的总目标和总任务做出贡献。

这个指导思想涵义全面，既有经营管理工作应遵循的原则、主要任务、基本手段、工作目的，又有在抓好经营单位经营管理工作的同时，还要当好各级领导指导农村经济发展的助手。这个指导思想又和当时主管农村合作经济方针政策的中央书记处农研室的工作任务有明确的区别，因此受到与会同志的赞同。在1985年7月20日，农牧渔业部（1985）农（经站）字第9号文件即《发送杜润生、何康、肖鹏、李友九同志在全国农村合作经济经营管理工作会议上的讲话和总结》中，何部长讲话已经按此一字不差地做了修改。

2.促进各地做好稳定、完善家庭联产承包责任制，健全统分结合的双层经营体制工作

据1979年479.6万个基本核算单位统计，实行定额包工的单位占55.7%，联产到组的占24.9%，联产到劳的占3.2%，包产到户的

占1%，包干到户的占0.1%，专业承包开始出现，没有实行责任制的单位占15%。中共中央允许部分地区可实行包产到户的1980年75号文件下达后，联产到劳、到户的责任制蓬勃发展。据1981年601.1万个基本核算单位统计，实行定额包工的单位占16.5%，联产到组的占10.8%，联产到劳的占15.8%，包产到户的占7%，包干到户的占38%，专业承包占5.9%，其他形式占3.8%，没有实行责任制的占2.2%。1982年1月中央1号文件充分肯定了包干到户是责任制的一种形式后，这种形式飞速发展。到1983年569.2万个基本核算单位统计，实行包干到户和包产到户的已达97.8%。还有一部分坚持集体统一经营的单位，也实行了专业承包、定额管理等多种形式的生产责任制。它们社队企业办得好，集体经济基础雄厚，经济效益持续高速增长，社员生活不断提高。其中有数百个已经初步实现社会主义现代化的村合作经济组织。

在全国普及家庭联产承包责任制，完成政社分设的改革以后，意味着合作经济组织双层经营体制的建立，人民公社体制的废除。我们的主要任务是根据中央五个一号文件，一个五号文件的精神，推动各地稳定、完善家庭联产承包责任制和健全统分结合的双层经营体制，使其促进农村经济的持续不断发展和农民生活的普遍提高。

我们从深入调查研究入手，尽量多取得一些第一手材料。这些年我调查了四川、贵州、江西、福建、江苏、山东、湖北、湖南、陕西、青海、内蒙古、河北、黑龙江等地的数十个村子，了解它们的上属乡、县、地区、省的情况。从调查结果看，我们有以下印象：总体来看，村、组集体经济组织所实行的家庭联产承包责任制及其统分结合的双层经营体制，确实得到了大部分地方的多数农户的拥护,在普遍推广以后取得了举世瞩目的成就,充分证明这次改革是成功的。当然,在这样大的变革也会存在缺点。如有些地方对集体财产和农田水利等公共设施等保护不够,造成一些不应有的损失;一些社队没能保留必要的统一经营服务需要的公共财产;有的地方原来集体经济雄厚,经营土地多,已经实现了农业机械化,连年获得较高的经济效益、多数社员不愿搞包干到户的单位,也被搞了"一刀切"强制其"包干到户",伤害了干部群众发展集体经济的积极性[1]。

---

[1] 我到基层调查中,少数地方干部群众反映,上级在推行"包干到户"时确有"一刀切"、强制推行的行为。比如1985年8—9月我在黑龙江省黑河地区调查时就听到这样的反映。黑河地区人少、地多、土重(黑黏土),靠多匹马或拖拉机才能种上地,适合于大生产。1977年前后国家大力支持社队搞农业机械化。当地流传着:"要想富得快,拖拉机加康拜,开荒种小麦。"各社队纷纷贷款买农机,除了种好现有耕地外,还去开荒。结果效益很高,有些是几年就还清了贷款,社员拿面袋子到队领分配款。正在这个致富高潮中,当时地委书记下令,在一个月之内,全地区都要把土地、耕畜、农具等全部下放到户,否则就是和中央没保持一致,就是没有组织观念,没有群众观点。于是下边只好一律照办。有的支书和队干部被迫含泪把心爱的集体拖拉机、康拜因等大农业机械,以特低价卖给那些能出现款购买的人(主要是有现款的或能贷到现款的干部)。又如1994年10月我随一位领导同志到山西省昔阳县大寨村做社史调查。当谈到1982年1月县委工作组在这里蹲点推广包干到户的情形时,老劳模宋立英说:"当时我们不愿意,县委领导说,你们不要影响全国。"支部书记郭风莲说:"搞大包干我们不通,可是在这里蹲点的县委领导说:你大寨要和中央保持一致,不搞不行,不搞就是没和极左思想划清界限,县里有个支书顶着不搞已经被撤职了。我们不搞可不行啊,但是我们保持了对农业规划、对土地、山、水、林、田、路、村等基本建设的管理,也没丢掉队办企业,我们就是在这个基础上才又发展了起来。"(在我编辑《当代中国典型农业合作社史选编》一书时,对《山西省大寨农业合作社史》,曾按这些意见和一位工作组同志专门写这一段历史实情的材料,把这种实情概括而含蓄地修改在该史中。但在农业出版社审定时又恢复了原稿的样子。此事出书后我才知晓。)再如,对一些集体经济雄厚、社员普遍富裕的有名的先进村,上级也反复动员其搞"包产到户"。有三种结果:第一种是像北京市窦店那样硬顶着不实行,理由是中央文件讲了要搞多种形式不准搞"一刀切"。第二种像江苏省华西村那样软顶着不实行。他们说我们早就实行了到人到户(指严格的定额管理)了,我们要根据实际情况继续改革。第三种多数是顶不住了,散了。如那时的总书记视察过的黑龙江省克山县的黎明大队和建设大队,就是这样。1985年我到黎明大队调查时,他们反映,推广包干到户时,上级派人叫黎明也搞,我们也不干。后来个别社员向中央写信告状并批转到县。当支书得知后就泄气了。他说,上级过去提倡集体致富,现在提倡个人致富了,那就散了吧。我就不信搞个人致富我比别人差。于是把土地和集体财产都分到户。

家庭联产承包制普及后存在的主要问题是，许多地方党政领导以为搞了"包干到户"就万事大吉，撒手不管，放任自流；还有的地方领导，开始强制不准推行，后来一看大势所趋，怕犯反对改革的错误，于是在准备不足的情况下，要求下面急速推行，出现不少遗留问题。因而在许多地方出现了家庭联产承包制不完善，表现在：有的地方家庭承包还不够稳定，较普遍的是双层经营体制不健全。据大量调查材料证实，在全国社区合作组织中，约有20%的单位社员家庭分散经营和集体统一经营两个层次结合得好；约有50%的单位有些方面结合得好，有些方面结合得不好；约有30%的单位只有家庭分散经营作用，集体统一经营层次没人管不作为。凡是党政领导经常抓完善家庭联产承包责任制、健全双层经营体制工作的地方，一、二类越来越多，否则二、三类越来越多。这第三类家庭分散经营的局限性（规模狭小、盲目决策、掠夺性经营等），没有集体统一经营层次加以弥补，经济效益则日益降低。1985年夏，我同李显刚同志到我在1977年蹲过一年点的贵州省独山县拉卷村，做了蹲点调查。回机关后把我们写的《联产承包责任制还有待完善的调查》上报杜润生。杜润生审阅后批示，"私事有人管，公事无人问，如何改？"

我们带着这个问题，一直在求索。我带领学习调研组曾到湖南省汉寿县小龙湾村、江西省宜春县湖溪村、河北省辛集市、浙江省温州地区、四川省绵阳和乐山等地区、黑龙江省黑河地区、克山县的复兴村和黎明村，以及河北省沧州地区的四县（市）等地，陆续到村、组、户做调查研究。总结了他们稳定家庭联产承包和完善统分结合的双层经营体制的经验，并探讨了解决存在问题的办法。

1988年完成了我主持的《农业联产承包制的现实判断与完善对策》的课题。我将上述所得及时向部领导作了汇报，有些则体现在起草的有关文件中，有的得到领导的批示和转发。

在李友九同志的具体指导下，先由崔振东同志后由我组织和参与，由傅玉祥等同志起草《农业承包合同管理条例》的工作。有几年我在全国农村工作会议上征求各省（市、自治区）对此文件的意见，然后反复加以修改。此项工作在客观上也推动了各省（市、区）及早出台此类文件。到1988年上半年已有15个省（市、区）发了农业承包合同管理条例或办法，其他省（市、区）也在送审或起草中。1987年6月8日，中央书记处农村政研室下达了《关于稳定和完善土地承包制的意见》，推动了此项工作的开展。此文件在起草中也吸收了我们起草的上述条例的一些内容。

我们还提倡各地及早确定农业承包合同管理机关，充实办事人员，并举办了全国农业承包合同研讨班，注意抓好经常性完善农业承包合同工作。到1988年，已有19个省（市、区）明确了承包合同管理机关，有24个省（市、区）已培训合同管理人员80多万人次，各地还用广播、板报、院坝会议等形式，向农民宣传农业承包合同知识，加强了承包合同的签订、修订、鉴证、履行、监督、处理纠纷、变更、解除、结算、兑现和合同档案等工作，促进各地加强了合同管理。据统计，1988年合同手续完备率已由1986年（下同）的43.3%上升到70.1%；合同兑现率已由77%上升到89.1%；合同纠纷率已由6.4%下降到4.5%。对这方面工作，傅玉祥、袁志军同志贡献较大。

我们还配合中央书记处农村政策研究室，在完善双层经营体制中促进和健全了社区合作经济组织（即联产承包制的发包方组织）工作。据1988年5月对26个省（市、区）的统计，已设置农业合作社、经济合作社、农工商合作社等社区合作组织116.73万个，涉及原生产队总数的62.2%。其中约有一半是以村为范围设置的；其余则以原生产队或自然村（联队）为范围设置的，有些村里设立了联合社。明确和健全家庭联产承包制的发包方组织是稳定家庭联产承包责任制、完善统分结合双层经营体制的最起码的条件。也就是说，这是稳定、完善农村基本经营制度最起码的条件。又据1987年底统计，全国农村共有生产性固定资产2399亿元，除乡、村企业和联合体之外，村组合作组织还有1377.3亿元，其中统一经营层次占29%，分散经营层次占71%。据不完全统计，1987年农村经济总收入为7987亿元，其中集体经营层次占37%，农户经营和其他经济联合体占63%。这些情况说明发展农村经济必须发挥各种经营形式的作用，尤其是发挥集体经营与家庭经营两个层次相辅相成的作用，这是提高农村经济效益的关键。

总之，只要按中央要求去做，认真稳定家庭联产承包制、完善统分结合的双层管理体制和健全村、组合作经济组织，使不够完善或很不完善的单位，很快赶上来，那将是一种强大的、不可代替的力量，将推动农村经济的持续高速发展。其中有些统分结合好的单位，如实现了"五统一""模式化栽培""统种分管"的单位，农业生产力的发展水平主要决定于集体统一经营层次的服务水平。像我调查过的石家庄辛集市的一些先进队，集体统一经营层次向社员承包户提供了生产规划、排灌、耕翻、供种、植保、抗灾、收获、畜禽防疫、护林防火、联系供销和经营咨询等生产全过程的廉价甚至是免费的优质服务，使社员非常满意。他们说："拖拉机来了，我拿铁锹挖挖生格子；水来了，我撒撒化肥；康拜因来了，我拉小车在地头上等着往家拉麦子，就行了。""大活集体都给干了，剩下的活我们'三八''六一''九九'部队就可以完成。"这些单位的生产实际上已经形成了规模经营效益，这是统分结合双层经营体制完善到高度的必然结果，是一种作业服务系列化式的适度规模经营，它的经营效益并不亚于土地集中经营式的适度规模经营（主要指集体农场、部分社员联合的合作农场、专业合作社、家庭农场、合伙农场、大户农场和大企业投资办的农场等）。

所谓"土地集中式"的规模经营，是要有素质高、办事公正、能力强的领导骨干等好的基础条件，否则就将和过去经营不善、效益不好的生产队、生产大队一样。在20世纪80年代初，我与禤树仁同志在广东省高要县调查时，听说该县农民陈世雄承包鱼塘很有名，于是我们也去学习调查。1979年他承包鱼塘8亩，放养鱼苗出售，效益不错。1980年承包鱼塘141亩，除放养鱼苗，还养大鱼、种茨实，夫妻俩拼命干，加雇一个固定工和400个工日临时工，他们很吃力，效益还可以。我们去时他已在上级要求下，跨队承包鱼塘400亩左右，已大大超出他的管理能力。到田里一看，五六个雇工正坐在地上等着老板（陈世雄）来派活，地上稻谷稻草等堆得乱七八糟，像过去落后的生产队一样。看样子，个人承包经营土地过多，既没有现代化设备，又没有集体统一经营层次支持是搞不好的。

家庭联产承包责任制、统分结合的双层经营体制是一个统一事物的两个侧面：从生产责任制角度看，它是家庭联产承包责任制；从经营体制角度看，它是统分结合的双层经营体制。它确实是现阶段绝大多数社区合作组织的最好实现形式。如果始终加强领导,按中央早已做出的决定,不断地加以完善、提高和健全,必将充分发挥广大农民个体生产经营的积极性和集体统一经营的优越性,推动农村经济持续不断地较快发展。否则,就会像早在1962年邓子恢所指出的那样:对包产到户"要领导好,领导不好可能走到个体(经济)"的老路上去。简言之,我认为对待群众创造的双包(包产到户、包干到户),"提一提"就是社区合作组织的最好实现形式;"推一推"就会把农民推回到单干老路上去。所谓"提一提"是指坚决贯彻中央有关指示,把包产到户、包干到户提高为家庭联产承包责任制和统分结合的双层经营体制上来,加强党的领导和政府的支持,搞好统分结合,使两个层次互补,使生产要素得到优化组合,促进生产力的发展。所谓"推一推"是指不贯彻或不全面贯彻中央有关指示,党和政府只抓稳定家庭承包,不完善甚至不承认统分结合的双层经营体制,使家庭经营的局限性得不到弥补,农业生产要素得不到优化组合,任其滑向规模最小、效益最低的小农经济的汪洋大海中去。所以党中央和国务院一直坚持前者。已经形成后者状况的地方,使农业生产特别是粮食生产陷于徘徊或下降,绝大多数农民反对这样,他们只要求能得到集体统一层次地提供优质、高效、低价的生产经营服务,求得生产发展增加收入,所以责任不在农民,而在于这里的党政领导。

3. 推动全国农村合作经济组织做好财务管理和收益分配工作

党的十一届三中全会前,农村人民公社的主要问题是发展慢、分配低、家底薄。从1957年到1976年，总收入每年只平均增长3.1%，1977年社员人均收入为65.51元，比1957年仅增加9.66元，20年来平均每年只增加0.48元。社员们说："辛辛苦苦忙一年，年终分配不见钱（主要分配粮食实物，现金很少，又被超支款占用而兑现不了），哪有心思来种田。"集体提留1977年虽比1957年增加210%，每年递增5.9%，但由于基数低，绝对值仍很少：1977年每个大队（村）平均也只提1.4万元（人均12.4元）。固定财产也不多，1977年公社、大队、生产队三级人均只有107.1元，其中生产队人均为62元。集体负担重、欠债多，到1977年底欠国家银行、信用社贷款、预购定金达114亿元，欠社员分配款36亿元。部分穷队过着"生产靠贷款，吃粮靠返销，花钱靠救济"的"三靠"生活。这些问题集中表现为经济效益低。据全国计算，每消耗一元的物资费用所获得的经济效益是：1957年为3.77元，1965年为3.55元，1978年为2.91元。这是由于收入增长缓慢，费用增长过快造成的。1965年至1977年的13年中，总收入平均每年只增长4.7%，而费用平均每年却增长8.5%，除国家农用生产资料涨价快、农民负担加重外，管理不善的不合理开支占总费用的15%左右。

集体经济这种状况，一方面证明改革经营体制的必要性，迫切需要千方百计地发展农业生产力，开展多种经营，增加可分配总收入；另一方面要求加强和改革财务管理和收益分配工作，提高经济效益，增加社员收入。

（1）整顿财务，清理财产

1979年5月在李友九副部长的指导下，由王涵之副局长主持召开了农村人民公社收益分配座谈会。会后，由王涵之及我、禢树仁等共同起草了《农村人民公社收益分配需要解决的几个问题》。经李友九同志审改后，国家农委于8月15日将此件转发各省市自治区的农委（农办）、农业畜牧局，参照执行。

1980年5月由王涵之副局长主持，我协助召开了全国财务分配座谈会，形成了农业部《关于农村人民公社财务管理几个重要问题的报告》。经李友九副部长审改，9月19日国家农委转发了这个报告，国家农委指出："望各地抓紧整顿和建设。""我们认为会议提出的一些具体措施是切实可行的。"

1980年10月，根据胡耀邦同志批示，我奉命赴昌平县沙河公社调查，帮助他们总结经验，并代国务院起草了批转文稿。经李友九同志审改后，形成了10月28日《国务院批转北京市昌平县沙河公社财务整顿试点工作情况报告》，推动全国开展了财务整顿工作。报告要求："各地在今冬明春建立健全生产责任制的同时，要抓一次财务整顿。"该件下达后，不少地方进行了财务整顿试点工作，个别地方已分批铺开，效果都很显著。个别效果不好的是由于走了过场。我们总结了成功经验、对存在的问题提出了解决的意见，于1981年12月17日又起草和上报，形成了《国家农委、农业部关于整顿社队财务的意见》。国务院于1982年1月13日把这个文件批转给各省市自治区人民政府、国务院各部委、各直属机构。国务院要求："各级人民政府必须把认真整顿社队财务，杜绝损失、浪费和贪污，提高经济效益，作为当前农村工作的一项重要任务，列入自己的议事日程……"国家农委、农业部这个文件对财务整顿的主要任务和具体内容，有计划分批进行的方法，对清理出来的具体问题的处理意见等都做了规定，要求"争取一两年全面整顿一次"。

1982年农业银行将其主管部分省的农村社队会计辅导工作转交农业部门主管后，全国的社队会计辅导工作，均归我们农业部门主管，我们因而加大了对农村会计的培训和管理工作任务。在结合整顿财务管理中，我认真抓了这项工作，为此写了题为《农村会计的光荣使命》一文，登在1984年《农村财务会计》第4期上。

1983年4月我们总站在四川省新都县召开全国农村合作经济财务会计工作会议。这次会议由我主持，还邀请原公社局副局长王涵之同志（已离休）来参加指导。会议专门交流了改革农村社队财务会计工作和开创农村财会工作新局面的经验。会后形成纪要，对农村财会工作亟须改革、积极推行专业会计制度、认真办好经营管理服务组织、加强财会队伍建设、善始善终抓好社队财务整顿工作等八个问题提出了具体意见。农牧渔业部将这个《全国农村合作经济财务会计工作会议纪要》印发各地参照执行。

在上述文件的推动下，在各级党政领导的重视下，配合稳定家庭联产承包、完善双层经营体制工作，全国上下经营管理部门充分发挥当好各级领导助手的作用，到1984年底，对社队财务管理已基本上整顿了一遍。

这次整顿财务管理后，有些地方由于整顿工作未到位，甚至走了过场，有些建设工作未跟上，和许多地方生产队职能转移到大队（村）等情况下，又出现了新的混乱。在这种情况下，我们对三个问题进行了重点研究。

一是如何配合整党解决前清后乱的问题。向全国传播了湖南省未整先改和建立农村财务会计新秩序的经验。我在1985年冬全国农村工作会议的小组会上进行了发言，出了简报，又把我和襧树仁等同志共同起草的关于清理农村集体财产意见的初稿，拿到会上，征求了部分省农工部或农研室主任的意见，在李友九同志的主持下，几易其稿，最后经杜润生主任亲自修改两遍，以中央办公厅和国务院办公厅名义批转各地参照执行（即中办发〔1986〕27号文件）。在此文件的推动下，全国普遍展开了清理集体财产的工作，到1986年底，全国已有40%的县结束了村级清财工作。在这期间我带头并组织一批同志到基层去调研。1987年3月我又主持召开了全国清财汇报会。我们又把这些调研结果起草在《陈耀邦副部长在全国清理农村集体财产汇报会的讲话》中。这个讲话对清财的必要性、已取得的成效，对进一步贯彻中办发〔1986〕27号文件，搞好清理财产、资金管理、财务会计和审计工作以及需要解决的若干问题，都做了阐述。这个文件下达后指导着全国农村的清财工作。经过整顿清理等工作，澄清了家底。据1987年底25个省（市、区）不完全统计，清财中共查出贪污盗窃集体财产达29.5万人，约占村队主要干部的4%，金额近两亿元，已退赔76%；挪用集体资金的达142万人，约占村队主要干部的17%，金额达9.7亿元，已收回57.6%。另据13个省（市、区）的不完全统计，清出挥霍浪费集体资金达三亿多元，已退赔24%。到1988年底统计全国村、组合作组织还有集体资产830亿元（不含村、组办企业），比承包前减少20%以上。许多地方尽可能减轻农民负担。凡是整顿和清理工作搞得好的地方，都建立起新的财会、分配制度和审计制度。这些地方的群众说"党风正，民心顺，财务清，事业兴"。

二是对在推行家庭联产承包制中，进一步明确财产关系问题进行了调研。提出对原来一村数队，有些地方生产队职能已转移到大队（村），必须按中央文件规定，在不平调也不分掉的原则下，正确处理好原生产队和大队之间的财产关系。

三是在实行家庭联产承包制后，许多集体财产由物质形态转化为货币形态。于是一些地方创建了集体资金的融通工作。1984年我与杨绍品等同志到江苏镇江对此进行调研。各原生产队和大队用集体资金投资，在乡（原公社）范围内办起了合作基金会。这样做好处很多，不但避免了集体资金的流失，还发挥了其积极作用，对我启发很大。于是，我们总结了湖北、江苏、河北、四川等地办合作基金会等融资工作的经验，提出了解决问题的意见。支持郭宗岳同志为《农村财务会计》起草这方面的评论。后来针对有的省银行下令取缔合作基金会的做法，经向多方说明合作基金会是集体经济组织内部的融资工作，在中央书记处农研室的支持下，终于得到允许，并被写进1986年中共中央办公厅、国务院办公厅转发《关于清理农村集体财产的意见》的通知文件中。自下而上的集体资金融通工作发展很快，据1987年底江苏、四川、黑龙江等19个省（市、区）不完全统计，已融资35.4亿元，其中江苏省已有80%的乡（镇）开展了此项工作，这种办法挖掘了农村资金的潜力，缓解了农村资金短缺的矛盾，弥补了国家信贷资金的不足，促进了生产的发展，在一定程度上也防止了贪污、挪用、挥霍浪费等现象发生。

（2）解决超支、欠款问题

从20世纪70年代初，我就通过典型调查和全国收益分配统计，注意到这个问题的严重性。社员超支、欠款到1978年累计达74亿元之多，其中挤占劳动报酬达31亿元，挤占集体资金43亿元。据

1980年底23个省、市、区的统计，国家机关企事业单位和其他社队等外单位欠款则达113亿元。全国农村人民公社基本核算单位，大约被各种欠款占用200亿元资金。这就形成了严重的分配不兑现，严重影响社队扩大再生产。我们分析了其危害、原因，提出了解决意见。此事引起李友九同志的高度重视，要求我们把这些内容写进由我主持起草的1979年8月《中共中央、国务院批转农业部党组关于认真解决农村人民公社社员超支欠款问题的意见的通知》和1981年10月《国务院转发农业部关于清理外单位拖欠农村人民公社基本核算单位款项的报告》文件中。在各地整顿财务管理和后来的清理集体财产中都认真贯彻执行了这两个文件的要求。经过多年工作，到1987年底，据25个省（市、区）不完全统计，已收回各种欠款60亿元，平均每村近9000元。

（3）建立正常的财务管理秩序，减轻农民负担

建立农村合作经济组织的财务管理、会计和审计三种制度，认真贯彻民主理财。在富文业、包维和、张毓琮和杨绍品等同志的努力下，在财政部的大量调研基础上制定了上述制度，各地认真加以落实。多数地方培训了财会人员，进一步完善了专业会计制度。据1987年底对19个省（市、区）不完全统计，已有87%的村、组合作经济组织建立了上述各项制度。又据1987年底23个省（市、区）不完全统计，已有753个县，17508个乡（镇）展开了审计工作。由于健全了上述制度，减少了许多不合理开支，减轻了集体和农民的负担。如四川省蓬溪县推行专业会计制度后，平均每个农业社光支付会计误工补贴一项，就减少了47%。所有这些都为减轻农民负担、建立正常的财会工作秩序，创造了条件。

（4）分配制度和收益分配统计工作的改革

过去主要是想方设法克服平均主义分配。实行家庭联产承包制后，从分配角度看，实行的是分配包干到户。即"交够国家的，留够集体的，剩下都是自己的"。同时在集体经营部分中，对社员的投资也应给予报酬。这就形成了按劳分配为主与多种分配形式相结合的分配制度，从根本上解决了平均主义分配的问题。

在新情况下，正确处理这次改革大变化中，特别是双层经营体制中两个经营层次的经济利益关系已经摆上了议事日程。我们在财务管理和收益分配工作中，认真贯彻1984年一号文件指出的"以村为范围设置（合作经济组织）的，原生产队资产不得平调，债权、债务要妥善处理"的精神和1986年8月中办发〔1986〕27号文件指出的"明确集体财务的所有权，在原来一村数队改为以村为社的地方，必须处理好原来各生产队之间的财产关系，不能平调，更不能分掉"的精神。

关于农村经济发展情况及年终分配统计，从1956年开始一直坚持进行。这个统计对各级党政领导掌握农村经济发展动态，很有参考价值。1956年至1980年都是在统一经营的社队会计记账基础上统计的，数字比较可靠。由于1981年后普遍推行了家庭联产承包责任制，会计只能记录集体统一经营层次的账目，无法记录农户经营部分的数字，因而旧的统计报表、统计办法已经不适应了，急需改革。在坚持对集体统一经营部分仍按会计记账填报的情况下，对家庭经营部分数字的填报，到1988年时，已经改革了三次。第一次改革是按对基本核算单位的典型户调查进行推算填报。第二次改革是以公社（乡）为范围选择有代表性的农户家庭经营进行调查，然后推算填报。经过两年实践，因调查的户数太少，统计起来的数字与实际误差较大。1985年搞了第三次改革，即根据村、组内较有代表性的记账户记录推算填报，记账户可逐年增加。根据这些改革及时制定了新的调查表、统计表及其指标解释。郭宗岳同志是这些报表及指标解释的主要设计者和起草人，他与李素珍、李芹等同志一起做了大量的创造性的实际工作，做出了重要贡献。

4. 推动农村经营单位经济效益评价工作

经济效益是经营单位的经营管理目标，是考核农村经济发展状况的重要指标，也是考核经营管理部门工作的一个重要依据。多年来我一直和襧树仁、窦志勇、黄连贵等同志对这个问题进行研讨和试验。

（1）1979年我们总结各地经验，提出八项考核指标，写进了1979年《国家农委转发农村人民公社财务和收益分配需要解决的几个问题》中。后来考虑需要一个综合指标，我从理论和实践上进行了探讨，并把我的见解写进了《关于评价集体农业企业的经济效益评价的综合指标的探讨》一文中。此文对经济效益、净收入的概念进行论述后，从理论和实践上，指出用净收入评价经济效益的四条好处、两条不足及弥补的办法。

（2）为了在有条件的地方用更科学的指标，如成本利润率、产值利润率和资金利用率等指标，作为衡量经营单位经济效益的标准。我赞成、支持襧树仁等同志在全国办完全成本（包括人工费用和物资费用）核算点，并参与了部分工作。到了1981年全国许多地方实现了家庭联产承包等责任制，原来适合于统一经营模式的成本核算方案，已不适应了，有的已自动停止。大家对这项工作是否能继续进行下去产生了疑问。在这个紧急关头，我和禤树仁等同志一起深入基层调查研究，总结和研究了在包产到户、包干到户下，如何继续搞成本核算工作的经验。1981年11月在湖南，我主持召开的全国农产品成本核算办点工作座谈会对这个问题进行了深入充分的研讨，交流了经验，提出了方案。由我加以概括总结，由禤树仁同志和老师们根据会上讨论的结果，起草了各种形式责任制下如何进行成本核算的方案，产生了1981年《农业部关于印发全国农产品核算办点工作座谈会纪要》。这次会议、文件推动了全国农产品成本核算工作的改革，使自动停止的恢复了起来，犹豫不决的又坚决干起来，促进了全国成本核算工作的深入发展。到1983年底全国已办起2602个成本点（其中直属部汇总的290个），核算户已达23313个。到1987年底则发展到1300个县11102个点（村、组），核算户达84784个，核算品种达29种（农作物九种，多种经营20种），并培养大批基层办点专业干部。每年召开全国试点工作汇报会，汇总其作用及存在问题，研究总结新经验及解决存在问题的方案。部里于1982年6月转发了《农村社队农产品成本核算情况的报告》，1983年8月转发了《搞好成本核算，总结提高农产品生产经济效益的新经验》等。这些文件主要是由禤树仁等同志起草，由我审改定稿。

（3）农经总站成立后，有关教授专家和站里一些同志要求把农业技术经济学、生产经济学引入经营管理工作。我们接受了这个建议，成立了技术经济处，窦世勇同志为处长。但这一工作从何开始，我们一时搞不清楚。为了把这项工作抓上去，我于1983年召集部分有研究和实践经验的专业教授、专家和实际工作者，开了座谈会。由我出题目，主持座谈。我在吸取会上意见的基础上，进行归纳概括，并列出试点方案提纲，我、禤树仁与窦世勇和几位老师一起起草了试点方案。最后形成1983年9月农牧渔业部批转经营管理总站《关于开展农村合作经济经营单位技术经济效益评价的试点工作试行方案》。这次会议和这个文件指导全国各地开辟了这项工作。1984年我在湖南技术经济研究会上的发言和其他场合的发言归纳了经济效益的种类，即可分为：单项技术或单项管理措施的经济效益，单项生产或单项经营的经济效益，经营单位或整个社区的综合经济效益，社会效益或生态效益。并强调在评价经济效益时，要把微观效益、社会效益和生态效益统一起来。强调搞经营管理工作的要注意从经营单位的综合效益上去评价，并与社会效益和生态效益联系起来评价。这对统一这项工作的思想和避免片面性起了一定的作用。1985年和1986年召开的技术经济效益评价试点经验交流会，由我主持并组织有关同志起草了两次会议纪要，最后均由部里正式下发各地执行。到1986年，进行经济效益评价试点工作已有28个省（市、区），259个县、1316个项目。到1987年底，据28个省（市、区）的统计，已有1000多个县开展了2000多个项目的技术经济效益评价工作。又据15个省（市、区）的595个县的统计，1987年共进行了1495个课题的研究评价，其中有825个课题已完成或已实施，新增纯收入9.62亿元，每个试点县平均增收161.34万元。在推广经济效益评价中，多年来培养了大批办点的专业干部，为进一步开展这项工作打下了基础。

（4）推荐湖北省制订三种定额标准蓝本。这是经营单位搞好经济核算、提高经济效益的重要手段。

我国在20世纪50年代初，就推行了定额管理，后来被批判。但并未消除，有的明里取消，暗里照搞；有的把"定额"二字改为"任务"，继续实行。直到1976年10月粉碎了"四人帮"，许多地方公开恢复了定额管理工作。湖北省的谷城、松滋、英山三县于1979年修订了《劳动定额蓝本》和《费用定额蓝本》。全省有1/4的县都制订了统一定额蓝本。实行家庭联产承包制后，一些地方又制订了《服务收费定额标准蓝本》。

此项工作搞得比较好的是谷城县。该县于1980—1984年，在总结20多年搞定额管理经验的基础上，进一步修订了《劳动定额蓝本》和《费用定额蓝本》。各印10000册，下发到大队和生产队，加以推广。全县409个大队，执行劳动定额好的占85%，执行费用定额好的占67%。在推行上述两项定额管理中，促进了经济效益的提高。1982年，在普遍推行定额管理的庙滩公社的45个大队，每个劳力平均生产的粮、棉、油分别比1979年增加73%、39%、115%。1982年每个劳动力创造的总收入和纯收入，分别比1979年提高32%和61%。在1984年普遍实行了家庭联产承包制后，谷城县又根据工作需要，制订了《服务收费定额标准蓝本》，共印8000本，下发推广。执行好的大队占大队总数的54%。由于《服务收费定额标准蓝本》比较合乎实际，于是服务工作量大大增加，农民既减轻了负担，又增加了纯收入，促进了统分结合双层经营体制的完善。据统计，1985年与1984年比较：代购良种吨数增加25%，代购化肥吨数增加88%，植保面积增加84%，灌溉面积增加9.5%，机耕面积增加64%，机械脱粒吨数增加31%，粮食加工吨数增加36%，农机运输万吨公里增加15%，林业育苗株数增加23%，畜禽防疫只数增加37%，牲畜配种头数增加314%，农户记账户数增加150%，代管资金钱数增加44%，农民负担钱数下降8.4%，人均纯收入钱数增加11.8%。

谷城县经验对全国影响较大。从1984年下半年到1985年上半年，全国先后有15个以上省（区）的地（市）、县（州、盟）的经管部门闻讯后自发派116名代表赴谷城学习制订《服务收费定额标准蓝本》等经验。28个省（市、区）函购谷城县《服务收费定额标准蓝本》4417本。中国社科院技术经济研究会出版的《技术经济手册》也将谷城服务收费标准编入该书。

（5）把各种经济效益评价和相关资料综合运用起来，为合作经济组织、家庭经营户、其他经营单位和当地领导提供经营咨询服务。

到1987年底，我们在1300个县里有成本核算点，1000个县里有技术经济效益评价点，100个县里有农经信息点，还有360多万记账户和各项定额标准及全面的收益分配统计和相关信息等丰富资料。许多经营部门综合运用这些资料，对各项生产技术、各项管理措施、各种生产项目的生产要素组合状态和各种生产经营单位的经济效益、生态效益、社会效益进行对比分析，综合市场趋势，总结不同效益的生产经营单位的经验和教训，根据有关方面的需要提出可行的优化方案，为当地领导和广大经营单位提供经营咨询服务。如为当地领导需要的农产品价格、产业结构方案、增强农业后劲、开发资源、兴办企业等方面，提供可靠的依据。又如对农户进一步提高经济效益，提供可行性的方案。凡是做到了这些的地方都会受到领导和群众的称赞。江苏、江西、湖南、浙江等省还试办了

"经营示范户""目标管理户",取得了良好的效果。运用一个好的方案富了一个村、运用一条准确有效的信息富了一大片的例子到处可见。如浙江省建德县在120个成本核算点中,采用了"模拟经营方案"后,人均收入增加140元,即增加30.8%,很受群众欢迎。又如江苏省自1986年开展农户经营目标的240户的收入,比1985年增长31.19%;1987年2241户的收入比1986年增长34.7%;1988年咨询户增加到2万户,收入比1987年增加25.1%。再如江苏省接受咨询指导的户,每个劳力平均创造的总收入,1987年为1995元,1988年为2770元,分别比当年全省平均水平高出9.4%和52%。

对经济效益的评价工作,在后期黄连贵同志的贡献较大。

5. 推动恢复、发展和改革基层农经服务工作

20世纪50年代初中期,随着农业合作化运动的发展,在邓子恢亲自领导下,中央农工部和农业部大力抓农村合作经济组织的经营管理和会计辅导等工作。那时每个乡都有会计辅导员或经营管理员,全国达六七万名。他们带领全国七八十万个农业合作社会计搞这些工作。

但到了"文化大革命"时期,这支队伍的上级业务指导断线,经费被挪作他用,许多地方的会计辅导等经营管理工作也停了,许多农经专业干部被迫改行而各奔前程,真正搞经营管理工作的所剩无几。自1971年中央82号文件下达后开始有些恢复,到1978年基层经管专业干部恢复到32509人。到党的十一届三中全会以后,中央恢复了农村合作经济经营管理部门。在国家农委、中央书记处农

村政策研究室和农业部（农牧渔业部）的领导下，我们努力做了一些促进这项事业的具体工作，陆续使各省（市、区）、地、县、乡恢复了农村合作经济经营管理（含会计辅导）工作。在李友九等领导同志的奔走下，1980年6月国家农委、农业部、国家劳动总局、财政部联合通知，增加基层经营管理员劳动指标28500人。又经过大量工作，到1987年已有55%的区乡建立了经营管理站，基层农经专业干部已达10万人。这10万人带领着200多万名专业会计和联队会计在农村社队开展了广泛的经营管理服务工作。

农村合作经济组织经营管理服务工作，随着家庭联产承包责任制和统分结合双层经营体制的普遍推行，面对新的工作对象、内容和要求，迫切需要改革。需要创造新的服务方式，以提高各经营单位的经济效益为中心，开展生产经营全过程的服务。我们从调研中逐步认识到，改革经营管理工作体制是改革整个经营管理工作的关键。我把1983年5月调查所得写成的《关于蓬溪县建立乡（公社）农业经营管理服务公司[1]的调查》上报，农牧渔业部于7月29日以《通知》形式将此件发给各省、市、自治区农（牧渔）业厅、农委（农办）参考。这个通知点睛地指出：" 农村社队，在实行联产承包责任制后，已成为多样化多层次的农村合作经济。这一经营管理体制的改革，使经营管理工作各个方面——经营管理工作服务对象和内容、经营方式和管理方法、财会和核算办法以及收益分配形式等都发生了重大变化。为了适应这种新情况，急需对经营管理各项工作加以改革，而关键又在于改革服务工作体制。四川省蓬溪县在整

---

[1] 经营管理服务组织在开展生产经营服务中要有经济往来，需要有法人资格，但无合作社法可依，才不得不求得工商部门批准，所以只得称为"公司"。

顿财务基础上，实现会计专业化，建立乡（公社）经营管理服务组织为主要内容的经营管理服务工作体制改革，是成功的。它促进了完善联产承包制，加强了经营管理，提高了经济效益，减轻了群众负担，受到了群众欢迎。"当年12月我们又把这个经验写到了要求各地参照执行的农牧渔业部印发的《朱荣副部长在全国农村合作经济财会工作改革经验交流上的讲话》中。

1984年7月至8月我带调查组对四川省绵阳、乐山两个地区的各种服务组织进行了调查，从经营管理工作五方面变革分析起，论证了改革农村合作经济经营管理工作的迫切性，找到了只有改革一个队一个兼业会计，一乡一个经管干部的行政管理体制，建立起农村合作经济经营管理服务体系，才能把改革整个经营管理工作抓起来。我概括了服务组织的改革和九方面的服务功能。根据全站同志有关这方面的调查，吸收全国各地的经验，由陈晓华、刘登高等同志起草了《乡合作经济经营管理服务站条例（试行方案）》，经过张毓琮、富文业和其他站领导的反复修改，由站务会议审定通过后，经部领导批准，农牧渔业部于1985年7月6日向各省、自治区、直辖市党委农工部（农研室）农牧渔业厅（局）印发了通知，请各地参照执行。这个试行方案有总则、组织、业务范围、内部管理四章。其中业务范围包括经济合同服务，经营咨询服务、会计、审计服务，资金代管信托服务，统计服务，技术培训服务等。1987年初我又到江西、陕西等地调查和召集山西、陕西、河南、安徽等省七位地县经管干部负责人参加了座谈会，进一步总结这方面经验并寻找存在问题的解决办法。从调查中感到需求最大、最普遍的服务是大力帮助集体统一经营层次，做好为社员家庭承包经营层次的服务。还有上述试行条例没有提到的提供必要的产前产后服务、集体资产管理服务、合理收益分配服务等。这些都需要吸纳在修改的试行方案中。

经营咨询服务是农村合作经济组织经营管理服务中农民迫切需要的一个新课题。凡是办得成功的，都受到广大农民的欢迎。我们根据各地经验，把我们经营管理部门掌握的资料（即前述的成本核算、技术经济效益评价、会计报表、分配统计和记账户等资料以及有关的国内外经济信息等）充分运用起来，为经营单位（社员家庭承包层次和集体统一经营层次等）提供选择经营决策、产业结构、经营规模、经营计划、农业和农村的基本建设和评价经营效果等可靠的参考方案。同时又为当地党政领导指导农村经济发展提供可靠依据。为了抓好这些经营服务工作，除了已设立的基层服务指导处，又成立了信息处。到1987年在全国试办了100个农村合作经济信息网点，取得了初步的进展。但这仅仅是个开头，还有待继续攻关以满足广大农民和各级领导的需要。

为了提高经营管理干部和农村会计的素质，坚持组织和搞好各项培训工作。国家农委1980年3月印发《全国农村人民公社经营管理会议纪要》的通知中指出："对现有经营管理人员要定期轮训，不断提高其业务水平和政治思想觉悟。会计辅导工作，除了定期轮训、及时辅导、不断提高业务水平以外，也要不断进行改革。"从此我们经营管理部门一直抓这种培训和改革。除推动各地外，我们还直接办了各种培训班和研讨班。还请富文业同志与农业广播学校联系，使该校增加农经专业班并支持张毓琮同志办起了全国农业会计函授学校，让那些有志上进的人自学成才。还争取投资与西北农大、华中农大、部农经学院等联合建立了经常性的农经服务中心。推动各省、地、县、乡也根据自己的情况，与当地有关院校联合办起了大专或中专农经或财会函授班，以短训班等其他方式抓经常性的培训工作。问题是经费不足一直没有得到根本性解决，影响这一工作的开展。

6. 力争早日使《农村财务会计》杂志复刊，支持有关同志办好三刊

在农业社会主义改造基本完成后，1958年1月在邓子恢、廖鲁言、刘瑞龙、顾大川等老领导的支持下，全国性的第一个农村会计辅导刊物《农业社会计》月刊创立，成为全国农村会计的经常性读物，对提高经营管理专业干部和农村会计的业务水平起了重要的作用。后来因工作人员大多下乡蹲点，经费困难等原因，于1960年开始长期停刊。我任农林部农业局公社处处长期间，就筹划这个杂志的复刊工作。

第一，在李友九同志的帮助下设法调办此刊专家易明慎同志回京工作。同时从处内抽调祁士元、官治国、毕建英等同志组成编刊组。经过这几位同志的努力，该刊于1979年7月复刊。后来我们又办起了《农村合作经济经营管理》和《农村会计研究》，并充实了胡剑峰、帅高康等骨干力量。《农业社会计》在公社化时期改为《人民公社会计》，改革开放后改为《农村财务会计》。三刊的发行工作逐渐得到完善。主管的副站长包维和、张毓琮先后负责审稿，我们站领导同志根据需要也写点文章、评论等。在富文业、包维和、张毓琮等同志的具体指导下，这几个刊物越办越好，越来越受欢迎。尤其《农村财务会计》最受欢迎，读者称它为"良师益友"，到1987

年发行量达 60 万份。这几个刊物对提高农村经营管理干部和农村财会人员的业务水平起了重要的作用，对解决站内经费困难也起了一定的作用。

7. 努力搞好本部门的建设工作

1978 年我任农林部公社局三处处长，1981 年我任农业部人民公社管理局副局长，本部门的基础建设和经常性的政治思想工作逐渐成了我的一项重要工作任务。1982 年我为全国经管总站牵头副站长，帮助霍俊峰局长（兼站长）主持全站工作。1984 年霍局长离休后组织又让我直接主持全站工作，因而这方面的任务更重了。

我和褟树仁、张毓琮、富文业等同志在当时部、局的领导下，与傅玉祥、李显刚、陈晓华等同志一起起草了经管总站建站方案和以后经营管理系统机构（司站）和编制的设计等几个方案。从筹备搭建经管总站处、室、部班子到调配干部，都是我的重要任务。我向部局领导建议，一方面注意提拔已有的业务骨干，另一方面应在全国物色、调进农经专业人才。像富文业、包维和、张毓琮等同志就是在这种情况下经过李部长的努力才调进的。特别是每年都有分配我站大学毕业生指标，我和褟树仁副站长主动与有关院校农经系主任联系，请他们把品学兼优又有插队锻炼或是农民出身有实践经验的大学毕业生分配给我们。因此，经管总站调来的这批大学生素质都是比较高的，是一批较好的接班人。

在工作、用人和花钱上，我一向鄙视那些任人唯亲、铺张浪费和搞形式主义的不正之风。我们继承李友九、王录、裴润、王涵之、谢华、赵璧、霍俊峰等老领导的优良传统，努力起到公正、民主、勤俭、廉洁、守纪律和全心全意为人民服务的模范带头作用。我没有干过当甩手掌柜、任用私人和浪费国家财产的事情。用车、出差尽量节约。对下边送东西加以拒绝，无法拒绝的都付了款。我们坚持实行民主集中制领导，凡涉及进人、重要事项、经费开支等大事，均由集体讨论决定。即先在站领导会议或扩大会上讨论，四位站领导（即赵明、禤树仁、张毓琮等三位副站长和富文业总农经师，包维和同志已调到乡企局工作）中有三名以上赞同，才能做出决定，否则予以否决。全站同志监督我们执行这一制度。

七、离休后的20年

（1989—2008年，其中继续坐班工作16年）

从离休至2005年底，根据工作需要和组织安排，我仍继续上班工作，共持续了16年。

开始的一年多，我被农业部合作经济经营管理总站聘用为研究员（聘期暂定为一年），1989年4月至2004年底，我被聘任《当代中国的农业合作制》编辑委员会编委并先后兼任《当代中国的农业合作制》编辑室的副主任、主任。在这期间，我还被农业部农业政策研究会聘为该会研究员，被中国合作经济学会聘为副秘书长（已退）、常务理事，被中国地区开发促进会聘为理事、常务理事（已退），被中国农村合作经济管理学会理事会聘为顾问，被中华人民共和国国史学会吸收为会员，2006年还被全国千县工程办公室聘为专家委员会委员。从1993年10月1日起享受政府特殊津贴待遇。

1988年秋至1989年底，在农经总站帮助审改《农村合作经济经营管理》等刊物的稿件。

  1989年4月至2004年底在《当代中国的农业合作化》编辑室工作。早在1987年8月28日，我就被中共中央书记处农村政策研究室聘请为《当代中国农业合作化》编辑委员会委员，协助该会的编辑室主任李林朴同志做些具体工作。后来李林朴同志因病退职，建议由我接任主任，领导也动员我担任。因为我不是农研室的干部，有些事情不好协调，我就提出还是请一位农研室的同志出任为好。经主编们研究，1989年4月1日，中共中央农村政策研究室任命我为《当代中国农业合作化》编辑室副主任，协助同时任命的主任黄道霞同志工作。一段时间以后，黄主任不再过问编辑室的工作，继续由我主持编辑室的全面工作。到1993年3月16日由杜润生主编发文通知："经主编办公会议研究商定：任命赵明同志为《当代中国农业合作化》编辑室主任，黄道霞同志不再兼主任职务。"从此一直工作到编辑室工作全部结束。

  《当代中国农业合作化》编辑室是《当代中国农业合作化》（后改为《当代中国的农业合作制》）编委会下属的办事机构。该编委会由中共中央农村政策研究室主任杜润生担任主编，李友九、张铁夫、郝盛琦三位部级老领导担任副主编，还有八位顾问和32位委员。顾问、编委和编写人员由原省委书记、省长、农工部长、农委主任和中央有关部门部长、专家、学者组成。大多数人是当代中国农村合作（集体）经济组织四十多年发展的直接指导者和实践者，有些还是合作化时期的省委书记、省农工部长，其他人也是专门从事当代中国合作经济的理论工作者或实际工作者。我们编辑室的工作由四位正副主编分工负责。其中杜润生、李友九、郝盛琦等同志和原编辑室的李林朴、陈平、周树平、赵作为等同志都是我在中央农村工作部工作期间的老领导。他们一如既往地提倡坚持真理，修正错误；对工作兢兢业业，高度负责；对同志热情诚恳，平等相待，提倡民主，认真采纳群众意见，让大家"知无不言，言无不尽"，不论职位高低，谁对就服从谁，保持了老中央机关实事求是的工作作风。他们让我感觉又回到了中央农村工作部时期的工作环境，虽然我的工作比较累，领导要求比较高，但是我的心情是舒畅的。

在编辑室工作的16年里，我主要作了六方面的工作：

第一，协助主编编辑出版了《当代中国的农业合作制》一书。该书系"当代中国"丛书中的一卷，主要记述了从1949年至1993年当代中国农业合作经济组织的发展历程及历史经验，共113.6万字，费时16年（1985—2000年）。我们统稿组将撰稿人多次修改过的稿子从头到尾详细修改好了，打印成清样，发给每位编委、顾问和有关部门的有关同志，征求他们的修改意见。他们的意见出来后，撰稿人和统稿人再次进行修改。有的编委提出该书第六篇应该补充反映富村富社内容的章节，一时找不到合适的撰稿人，只好由我承担。为了反映真实情况，我亲自调查了10多个亿元村，研究了约50个亿元村的典型材料，才完成了这项任务。

在撰稿人再次修改全部书稿后，经统稿组详细修改，交给李友九同志详细审改，他不但逐字逐句地进行修改，有些段落还进行了重写。然后经张铁夫、郝盛琦同志审改，最后由杜润生审改定稿。有些章节甚至反复修改了几十遍才定稿。该书定稿后由当代中国出版社审定后印出书样，由我进行全书的审校工作（我已被该出版社聘为该书的特约编辑）。李友九同志在重病缠身的情况下，仍旧非常认真地逐章逐节、逐字逐句、从头至尾对全书又审校了一遍,改正了几十个错别字才交出版社出版。李友九同志在中央农村工作部曾是我们二处的处长和部里的副秘书长,对工作认真负责和实事求是的作风是出了名的。他待人以诚、平等相处、认真听取群众意见。我们这些当时的青年人在他面前遇到问题都敢于提出,有了不同看法敢于争论,他从不计较我们的态度。"文革"后他回北京到农林部直至编辑该书阶段,我仍然在他的领导下工作。他那种廉洁奉公、忧国忧民的作风,为人正直、待人以诚的品质,坚持真理、修正错误的学风和为党为民"一丝不苟""鞠躬尽瘁死而后已"的工作精神,仍然不减当年。长期过度操劳,使他患上了脑血栓,但他仍然是个"工作狂"。我把他当成良师益友。

第二,编辑、出版《中国农业合作史资料》刊物。此刊是为编辑《当代中国的农业合作制》一书服务的。主要是从全国各地和中央有关部门搜集和积累有关农村经济、农业合作等方面的历史资料和现实状况材料,共出版53期正刊(424万字)和两期增刊(83.7万字),总共超过500万字。

第三,编辑出版《当代中国典型农业合作社社史选编》。该书也是为了编写《当代中国的农业合作制》一书而搜集和选编的。从搜集材料、组织编写到全书出版,历时15年以上。从搜集到的500多个典型材料中,我们反复研究挑选,最后选出61篇编入此书。这些典型的农业合作社,有些从建社至今一直都是先进社,有的是在历史某个阶段或在全国或全省范围内起过示范作用的社,有的是在历史上对全国有重大影响的典型社。杜润生亲自部署,和三位副主编共同定下了61个典型。李友九、张铁夫同志亲自做了一些精选和审改工作。郝盛琦同志下的功夫最大，最后由他从头至尾对送审稿进行详细审改，并且起草了绝大部分编者按。这部书共97.1万字，于2002年9月由农业出版社出版。

第四，编辑《建国以来农业合作化史料汇编》的续辑。《建国以来农业合作化史料汇编》一书是由黄道霞等同志编辑的，已于1992年初出版。事后，有的领导同志为了使它的内容更全，想把漏掉的补进去，需要出一个续辑。于是我在"非典"期间，利用编辑室和我们个人掌握的大批资料和一部分从档案馆、图书馆等处寻来的资料，还有一些是从书店、书摊上选购的资料，用一年多基本完成了这项任务。全书280多万字，李友久同志在世时已经审阅了大部分。该书稿已全部交付农研中心农史室，由其完成最后的出版工作。

第五，主持编辑室的中后期日常工作。编辑室除了为各位主编、顾问和编委服务，为两次编委会全体会议、多次小组审稿会议[1]（如河北张家口、广西北海、上海、北京等地的会议）服务以外，还有大量的日常工作。编辑室近20年中积累了大批比较珍贵的资料。例如：阳翰生、薛暮桥、冯和法合编的《解放前的中国农村》（上、中、下），李景汉解放前编著的《定县社会调查》，梁才仲编著的《中国历史人口、田地、田赋统计》，社科院编著的《中国土地改革史资料选编》；解放前出版的有冯和法的《中国农村经济论》、张继尧的《合作社法十讲》、黄昌力的《农村合作社十讲》。三联书店出版的《中国农业合作化运动史料》，台湾陈岩松编写的《中华合作事业发展史》和《中国革命老区》《清实录经济史资料》《明实录类纂》的

---

[1] 编辑室初期，工作人员有五六个人，后来逐渐减少，李林朴、赵作为、周树平等先后回原单位，中后期只剩赵明、马志录二人。

经济史卷等。还有各省、地、县送来的大批农业合作史料和各革命根据地、解放区的财政经济史料（其中有土改和互助合作资料），以及成套的《中国农报》、《中国农业年鉴》、《中国农业经济问题》、农业生产责任制资料、《农村合作经济经营管理》、《农村财务会计》、农村合作经济经营管理的文件，和各省送来的农业合作史料和农业合作制史，等等。

第六，善始善终地做好编辑室的工作。此项工作几乎用了2004年全年的时间，主要是做清理文书档案及向有关部门移交工作。我们按照文件、信函、两本书的多次修改稿、刊物稿件（有大批主编修改、撰写的笔迹）和上述续辑全部稿件、资料以及多年积累的各种农经、农业合作的期刊，各地送来的历史材料和大批农经、农业合作的参考书籍、资料等，分门别类加以清理、排序、登记、装袋和打捆，然后分别移交给了农业部档案处、农研中心和中国农大农经学院。另外，我在这16年中，还结合实际工作，结合学习，尽可能深入村组与农民促膝谈心，继续做了些调查研究。从理论和实践上探寻我国40多年农业合作经济组织的顺利发展和曲折困难中的正反经验，并且对进一步搞好农村合作经济的体制改革向领导提出一些建议。2004年后，我也应邀写过点东西。总之，在我离休后的20年中，共写成文稿60余篇。这些调研结果，对编辑前述四方面书刊起了重要作用，有些内容已被融入其中。

另外还编辑了《1980年以来中共中央有关文件对农村集体经济组织及其改革的论述的摘要》（约4.2万字），已上送中央领导同志和主编们以及中国合作经济学会常委们。我从中选出47篇分一下类，其中有30篇已被有关报刊和书籍登载。

自2005年我能支配自己的时间了。一方面坚持"朝闻道夕死可矣"的精神继续学习，提高觉悟，增加政治、经济和文史哲等方面的知识，同时编辑和撰写《往事回忆及文稿》一书，以便给熟悉的同志和亲人留个念想。近三年我的主要精力都用在编写这本书上，并由大女儿赵淑华等帮助打印。另一方面挤出一些时间照顾老伴，并进行适当运动，每周争取出去一两次逛书市，看市场，了解城乡变化。

离休后我一直坚持过组织生活。大约1989年我被分配到离退休干部局万寿路活动站中共总支二支部。我已被选为四届支部的组织委员，做了点工作，受到总支的表扬。还被该局党委评为2004—2005年度的优秀党员，给予表彰并发给荣誉证书。还在该站书画组、读书组学点东西。

离休后这20年我还参加了些社会活动。开始，我参加部里的政策研究会活动较多，还应邀写了些文稿。后来参加中国合作经济学会、中国地区开发促进会和全国千县工程办公室的活动较多；这几个机构的领导人分别是谢华同志和郝盛琦同志。他们都是我的老领导。他们政治思想水平高，很关心农村工作，掌握的信息资料多，对一些大是大非看得比较透。和他们交流农村的工作情况、讨论问题，给我很多启发。他们擅写作，有时我把握不太准的文稿，会请他们指正。他们既是我的领导，又是我的老师，都耐心、不遗余力地给予指点和修改，使我收获很大，甚是感谢。